江涛

韩青 著

中共福州市马尾区委党史和地方志研究室　编

海峡出版发行集团｜海峡文艺出版社

序

王盛泽

　　江山不负英雄泪，缅烈砥今沃中华。在漫长的革命斗争岁月，无数先烈为了人民的幸福，为了民族的独立，为了国家的富强而奋起革命。在千年古港马尾，涌现出了以江涛为代表的一批可歌可泣的烈士，用鲜血和生命演绎出壮烈的诗篇。

　　江涛，原名江其才，1912年出生于福州市郊琅岐乡上岐村（今属福州市马尾区琅岐镇）。他生命中的前17年都在悲惨与劳苦中度过，但也正因为有了这份不寻常的经历，才铸就了他坚贞不屈、不避艰险的革命气概。18岁之后，经由叶飞、黄可英的引导，江涛毅然决然地走上了革命的道路。

　　江涛是福州工农运动的重要旗手。1931年至1933年间，他深入台江锯木厂、人力车行、码头等组织开展工人运动，又回到家乡琅岐发动贫苦农民开展革命斗争并组建琅岐红军游击队，撼动了帝国主义、封建主义和官僚主义在当地的统治根基。

　　江涛是闽东革命斗争的重要领导者。1934年至1941年间，他的革命足迹遍布闽东地区，先后任共青团连江县委书记、中共罗源县委书记、闽东特委常委、工运部长兼军事部长、中共周墩县委书记等职。他领导了连江游击队进行反"清剿"斗争，在宁德、罗源边区深山密林中组建红军游击支队，在宁德、屏南边境地区以及罗源、福州郊区桂湖、琅岐以及古田、闽侯、连江交界地区组织抗日武装力量，打破敌人白色恐怖，巩固红色政权。

江涛是在敌人面前毫无惧色的共产党战士。1940年冬，江涛到周墩县岩兜村对地主武装头子孙第五开展统战工作，不幸被捕。随即他被当作"共党要犯"，被押送到周墩特种区审讯。在狱中受尽酷刑，他坚贞不屈、大义凛然，表现出一个共产党人的崇高气节。1941年5月6日，他被国民党反动派杀害于周墩七步村，年仅29岁。

当前，全党正在深入开展学习贯彻习近平新时代中国特色社会主义思想主题教育，2024年又恰逢中华人民共和国成立75周年，欣闻由中共福州市马尾区委党史和地方志研究室组织编撰的《江涛》即将问世，实在可喜可贺、恰逢其时。

循着烈士足迹，我们看到了一位孤苦少年如何成长为一名坚强的革命斗士的历程。山河已无恙，英雄志永存。本书的出版发行，承载着我们对革命先辈的缅怀与敬仰。缅怀英烈最好的方式就是学习英烈的精神，从中汲取奋斗的力量。希望《江涛》能够成为我们广大党员干部、人民群众的精神给养，使我们更好地传承红色基因，赓续红色血脉，勇毅前行，不懈奋斗，创造更加美好的明天。

2023年8月1日

（作者系中共福建省委党史研究和地方志编纂办公室副主任）

目录 CONTENTS

第一章　苦难少年　磨炼成才

少年失父 ·· 2

走上革命道路 ·· 7

第二章　福州工运　走上革命

人力车工会主席 ··· 12

领导工运 ··· 16

结识叶飞 ··· 19

协助筹钱买枪 ·· 22

第三章　琅岐革命　被捕入狱

回家乡闹革命 ·· 30

被捕入狱 ··· 36

鼓山军事培训 ·· 40

第四章　转战连罗　出生入死

连罗团县委书记 ··· 46

领导连罗苏区团建设 ··· 49

连罗苏区反"围剿" ·· 53

解放罗源战斗 ·· 55

罗源改编 ··· 59

第五章　革命低潮　信仰坚定

下屿突围 ······························· 66

闽中游击革命 ·························· 67

隐蔽琅岐　寻找组织 ·················· 71

闽、古、罗山区革命 ·················· 74

第六章　敌后抗战　屡立奇功

坚守敌后抗战 ························· 86

担任中共闽东特委常委 ·············· 90

领导敌后抗战 ························· 96

武夷干校学习 ························· 98

第七章　临危受命　血洒周墩

横坑事件 ····························· 106

周墩县委书记 ························· 108

深入虎穴 ····························· 112

坚贞不屈　英勇就义 ················· 116

附　录

琅岐人民的好儿子——江涛 ···········朱立仪 120

琅岐镇上岐革命老根据地行政村地下游击队革命活动斗争史 ····· 128

纪念江涛烈士挽联题字 ················ 135

参考文献资料 ························· 138

江涛烈士年谱 ························· 141

后记 ······························· 149

第一章　苦难少年　磨炼成才

少年失父

琅岐岛，福州最早迎来旭日的美丽岛屿，镶嵌在闽江口的一颗明珠。琅岐岛古称"琅琦岛""琅琦山""嘉登岛"，因刘姓人家较早迁居岛上，俗称"刘岐"。

1912年，江涛出生在琅岐上岐村一个贫苦农民人家。据江氏族谱记载，上岐村江氏始居河南济阳，后迁浙江金华府兰溪市白水村。元

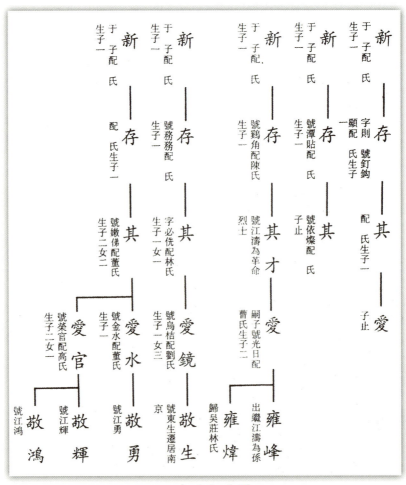

江涛烈士族谱

末战乱，江氏始祖江君丽随军出征，从浙江入闽后定居琅岐。江君丽成为第一个踏上琅岐岛上岐的江姓先民，至今已有600多年历史。上岐江氏分布在琅岐岛董安村、亭江镇东岐村，因此，上岐村被誉为"八闽江氏第一村"。①江氏由江涛祖辈上溯，在上岐村一带繁衍了25世。上岐村土地肥沃，科甲发名者代有其人，但大多数是一般贫民，以务农为生。江涛的父亲江鸡角（又名江依角）便是如此，家中仅有房二间，靠着租种地主的土地为生，一年到头温饱都不能满足，生活十分艰难。母亲陈秋菊出生在衙前村贫民家庭，是一位贤惠善良的女子。她虽然没有什么文化，但深明大义、富有爱心。

江涛烈士母亲陈秋菊

民国初期，琅岐有识之士在鳌山建筑书

琅岐鳌山公园

江涛烈士故居

斋，供乡间学子读书，俗称"文昌阁"。阁楼靠山而建，尽在梅树掩映之中，环境幽雅，书声琅琅，雅称"梅岩书院"，从书院里走出了不少名人。[②]江涛住在鳌山附近，从小就很聪明机灵，但是贫困的家庭根本没办法供养他读书，从五六岁起江涛就已经开始上山砍柴、下地干活、江边捕鱼，补贴家用，童年在悲惨中度过。

1917年8月，一场海啸侵袭琅岐岛。旧社会的琅岐岛水利失修，"发大水"就是一场灾难。江涛父亲江依角租种地主的一块土地被洪水冲得荡然无存。为了一家生计，父亲没日没夜辛苦劳作，最终因劳累过度撒手人寰。全家笼罩在巨大的悲伤和痛苦中，母亲仰天嚎哭，流干眼泪，未满6岁的江涛瞪着双眼，胆怯地依偎在母亲怀中。江依角的突然离世，让这个本来就非常贫苦的家庭雪上加霜。没了家庭顶梁

闽江上的舢板（摄于 1915—1920 年间）

柱，陈秋菊母子相依为命，在死亡线上痛苦地挣扎。不久后陈秋菊被迫改嫁到琅岐岛吴庄村，将孤苦伶仃的小江涛托付给同族伯父江通卓抚养。江通卓憨厚老实，一辈子打光棍，有一颗极其善良的心。他非常喜爱江涛，把他作为养子对待，尽管自己生活也很困难，但他毅然决然地收留了江涛，一口饭两人吃，有一点好东西，自己舍不得吃，都留给江涛。白天江通卓下地种田。江涛替地主放牛放羊，时常跟江通卓一起下田干活，十分懂事勤劳，年纪不大，却将牛犁车耙样样都学会。

　　1925年夏秋间，一场霍乱降临琅岐岛。旧社会，琅岐岛卫生状况非常不好，经常闹传染病，俗称"病吐泻症"，这又成为琅岐岛的一大灾害。江通卓不幸染病去世，江涛又孤身一人艰苦度日。童年就目睹父亲死亡，失去了父爱，江涛更加坚强成熟，他以顽强的毅力一个人生活下

20世纪30年代的福州

去……

在悲惨的岁月中，江涛熬过了17个春秋，他苦苦地思索：穷人出路在何方？

近代的旧中国饱受封建主义的压迫和帝国主义的侵略掠夺，百姓生活在水深火热中。贫苦农民常常是辛苦劳作了一整年，却很难填饱肚子。琅岐岛上许多家破人亡、走投无路的人只能背井离乡，外出寻找生活的出路。他们或者被卖"猪仔"去南洋；或者到"省城"（福州）当苦力。旧社会时琅岐是个孤岛，交通非常不便，出岛一般走水路，从琅岐到福州要乘小木船过闽安到马尾，再过魁岐到福州，要好几个小时的路程。

1929年，17岁的江涛为了谋生只身来到福州。当时的福州是五口通商口岸之一，是一个以手工业为主的港口城市，深受封建主义、帝国主义的压迫和掠夺，满目疮痍、萧条冷落。第一次踏进福州城的江涛人生地不熟，无处栖身。他先在码头当搬运工，后来当过人力车夫，睡在万寿桥下，过着饥寒交迫、风餐露宿的日子。后来，他经同乡介绍到福州台江横街马友猪血小吃店当伙计。当伙计要起早摸黑，挑水煮饭，洗碗端菜，虽说十分艰苦，但总算有了栖身之地。

走上革命道路

20世纪20年代的福州，北洋军阀李厚基、孙传芳、周荫人等先后控制统治福州。军阀当局极力推行封建主义，禁锢人们的思想、摧残新文化运动，同时，疯狂镇压爱国学生、工人阶级反帝反封建斗争。但是，人民对进步思想的渴望是任何力量都无法阻止的。福州旅京、旅沪学生把北京、上海的新思想、新文化和马克思主义书籍通过各种渠道传到福州，推动了福州新文化运动的发展和马克思主义在福州的传播。

横街地处台江中心地带，是商业贸易"黄金地段"，商号林立，是旧社会福州的晴雨表，也是福州城市历史的缩影。城内发生什么

台江码头

台江横街③

事，城外发生什么事，到横街都可以了解到。横街是文化艺术的聚集地，有电影院，三家剧团（旧时称戏院），教会（青年会、铺成堂教会），有文山女子中学（即现在福州八中）。新中国成立前，横街是整个福州地下党活动的重要据点之一。

1928年，在沙县县立初级中学上学的黄可英领导全校学生罢课，反对学校当局独断专横、贪污渎职等种种恶行，遭到国民党当局镇压，学校停办。联黄可英被迫来到福州继续求学，考入省立乡村师范学校。不久后，黄可英加入中国共产党，成为共青团福州市委的领导人。黄可英等进步青年经常来到横街马友小吃店用餐，谈论时政要闻，同时，横街猪血店附近的英华中学、协和中学学生也经常来店里吃小吃。江涛经常听到这些有知识文化、正义感的青年交谈，慢慢地了解了一些革命道理，发自内心地敬仰黄可英这些爱国青年。江涛就是在这样的环境中慢慢接触了进步思想。

对周边世界充满好奇心的江涛总喜欢到处走走看看，坐落在闽江边的台江基督教青年会就是他经常去的地方。福州青年会于1916年建成，是福州近代最早、最大的一座综合大楼和标志性建筑大楼，濒临闽江万寿桥畔，规模宏大，气派非凡。青年会不仅是交流科学知识、传播思想的场所，还是福建众多名流聚首谈论艺术、政治时局之处。陈宝琛、黄乃裳、林纾、严复、萨镇冰、郁达夫等众多近现代名人经常出入于青年会。在抗战期间，福州青年会是沟通、团结与联合海外广大侨胞与国际友人抗日、进行反侵略反压迫斗争的合作平台。在解放战争中，青年会是中共福建省委领导下的重要情报据点和地下交通站。

王助烈士

1929年夏，江涛在台江基督教青年会礼堂经常听一些学生模样的青年人在台上演讲，有的谈世界形势，有点讲国内局势，有的讲文化，这些对于初到福州的江涛来说，一切都显得那么新鲜。有一天，他又来到青年会，看到一个身材弱小的中学生正在演讲，台下时不时响起热烈的掌声。江涛也听得津津有味，觉得他讲得很好，问了身边的学生，得知这个青年学生是英华中学学生，名叫王助。正在英华中学上初三的王助是一个有理想有抱负的进步青年，常想改变社会上一切不合理的制度。王助出生于亭江名门望族，从小就饱读诗书，童年在家塾接受良好的教育，后来他以优异的成绩考取了马尾海军艺术学校。由于学校对学生进行高压控制，不允许先进文化在学校传播，1929年，王助组织领导同学罢课、反对学校压

王助故居

迫，后被学校开除，被迫转入福州英华学校继续
上学。④来到英华学校后，王助与从三山中学转
学到英华中学的郑维新志同道合，他们追求进
步，经常共同阅读革命书籍。1929年，王助加入
党的外围组织反帝大同盟。郑维新、王助等经常
组织学生、工人上街游行示威，抵制日货、反抗
压迫和不平等条约。在他们的影响下，江涛也加
入游行队伍。

1929年底，在黄可英、王助等进步青年的
启发引导下，江涛正式加入共青团组织。江涛虽
然只有17岁，但他很机智可靠，富有正义感，积
极投身共青团工作，因此深得组织的信任。

①杨东汉编著：《琅岐岛风采》，1999年5月，162页。
②杨东汉编著：《琅岐岛风采》，1999年5月，14页。
③福州市台江区地方志编纂委员会编：《福州市台江区志（1991～2005）》，2010年10月，11页。
④中共福州市马尾区委党史和地方志研究室编：《王助传》，2021年12月，14页。

第二章 福州工运 走上革命

人力车工会主席

1926年7月1日，在中国共产党的推动下，广州国民政府军事委员会下达北伐动员令，国民革命军出师北伐。在工农群众和中国共产党的支持下，迅速消灭吴佩孚、孙传芳

誓师北伐

两股主力，攻克了湖南、湖北、江西、福建、江苏、安徽等省广大地区。在这些地区内，工农群众革命运动浪涌澎湃，给帝国主义和封建主义以沉重打击。当北伐战争取得节节胜利之际，蒋介石在取得帝国主义、封建军阀、买办资产阶级的支持后，肆意破坏统一战线，打击共产党、排斥国民党左派、摧残工农运动的血腥暴行接连在江西、福建、安徽等省发生。1927年4月3日，福建国民党右派在福州发动反革命事变，大量共产党员和国民党左派人士被捕杀害，中共福州地委遭到严重破坏，党员人数从事变前150人锐减至20余人。蓬勃发展的工农革命运动遭到残酷的镇压和摧残，革命从此转入低潮。

福州"四三"反革命事变、上海"四一二"反革命政变后，国民党新军阀统治福州。在经济上，新军阀政权通过苛捐杂税、名目繁多的公债掠夺人民；在政治上，通过建立特务组织，残酷镇压中国共产党及其领导的工农运动。福州在大革命时期建立起来的各行各业工会组织受到严重破坏，仅剩下马尾造船厂一个秘密工会。工人工资锐减，工时延长，大批失业，工人群众在大革命中得到的一点权益也消失殆尽。1928年6月，在莫斯科召开的中国共产党第六次全国代表大

会上通过的《政治决议案》指出，党的总路线是"争取群众，党要用一切力量加紧团结收集统一无产阶级群众，使他们围绕着党的主要口号。做极巨大的组织工作，以巩固革命工会、农民协会，尽可能地领导日常经济政治斗争，以发展工农群众组织"。

为了尽快恢复福州党组织、反抗国民党，根据"六大"提出的总任务，福州市委决定提出"废租废债""开展游击战争"等口号，大力争取群众。①通过接近工人群众，以和他们一起做工、交朋友、谈心等方式联系各行业工人，从而了解手工业工人、码头工人、人力车夫的工资、工时和生活状况，在此基础上，提出进一步发展工运的计划大纲，并把"组织各厂各业的赤色工会"作为重振福州工运的总目标。在这个目标指引下，福州城市的工人运动日趋活跃，同时，农村的武装斗争也蓬勃发展。1929年3月，玉田乡和嘉登乡（今琅岐镇）农民群众奋起反抗公债委员借办公债勒索贫民。②当江涛听到这一振奋人心的消息，他跟工友说："农民、工人只有团结起来斗争才有出路！"

江涛加入共青团后，黄可英对江涛说："根据你的工作表现，组织上决定对你重点培养，但是作为一名革命者，必须脱离家庭、放弃现有工作，完全转入地下，这是一件十分慎重的事情，需要征求你的意见。"

江涛烈士

江涛满腔革命热忱，二话不说就同意了，激动地说："只要是组织需要，我干什么都可以，坚决服从组织安排。"

江涛就此离开马友猪血店，走上职业革命道路。

转入地下后，江涛参加了团委开办的积极分子训练班。训练班主要讲授秘密工作的纪律和具体的活动方法，也讲授马克思主义的基本理论。这是江涛第一次参加学习训练，十分珍惜这次机会，他从小就梦想着有朝一日走进学堂，如饥似渴地学习训练班各门知识。这次训练班时间虽短，但是江涛受益匪浅。就是在这时候，他开始学会认字写字，同时掌握了地下工作的基本方法策略，为他日后领导革命斗争打下了坚实的基础。

培训班结束后，江涛受命在福州地区从事工运工作。福州是福建产业工人比较集中的地方，主要是造船工人、手工业者、码头工人、人力车工人，还有一些锯木工人。党在码头工人、造船工人中已经做了大量卓有成效的工作，基础较好，中共福州市委在给省委的报告中提出：特别要抓住汽车和人力车工人的斗争，并加强对这一斗争的领导。此后，中共福州市委便指派江涛等同志去加强工人运动的领导，他便以人力车夫的身份，深入到人力车工人中开展革命活动——与工友同生活、同拉车，了解到当时福州的悲惨景况。

飞奔在福州大街小巷的人力车工人多是福州贫民和福州周边一带失去土地的穷人，由于农村经济濒临破产，农民备受生活之鞭的驱使，不得不背井离乡，投奔城市。他们深受官僚、车馆主的重重压迫，以致生活穷困潦倒，经常以车代床，露宿街头。20世纪30年代初，福州市人力车工人猛增至三四千人，而车馆主乘机抬高车租。拉车的人多，坐车的人少，从早拉到晚，挣的钱还不够缴纳车租，工友们生活濒临绝境。

江涛走街串巷组织发动工友起来向车馆主作斗争。他向工友们宣传"要翻身，求生存，必须跟欺压剥削人力车工人的帝国主义、资本

人力车夫

家及其走狗作斗争，要敢于和伪警察等各种恶势力欺凌打骂人力车工人的行为作斗争"的革命道理，启发工人们组织起为工人自己谋利益的工会组织，向车馆主及他们所组织的黄色工会作斗争，要求车馆主减轻车租，同时动员工人团结起来上街游行请愿，抗议警察随意殴打刁难工人的行径。经过深入细致的宣传发动，工友们纷纷响应。江涛先后把中选、下道、南门兜、水部、程埔头等人力车工人组织起来，建立十多个赤色工会。人力车工人魏依珠、魏清官等十多位同志在江涛直接教育培养下成为赤色工的骨干。他们并肩战斗，一起研究制定斗争纲领，在工会中建立青工部与青工小组，深入黄色工会下属组织开展工作，揭露黄色工会头目真面目，揭露他们是车馆主、店东、业主御用工具，将黄色工会的群众争取过来。③江涛同志还利用集会、乘凉、闲谈、食宿等各种机会向工人群众做鼓动工作。在他领导下，人力车工会搞得有声有色，取得工人信任，提高工会威信，出现了前所未有的大好局面。

党组织敏锐地抓住有利机会，指示江涛组织成立福州人力车工会。由于前期出色的工作和在人力车夫中的崇高威望，江涛被选为福州人力车工会主席。由于在福州领导工人运动的出色表现，经过党组织严格考验，1930年，江涛转为中共正式党员，从此开始了他披荆斩棘的革命生涯。

领导工运

1866年，左宗棠奏请在马尾设立福建船政局。不久之后，闽江下游马尾、川石之间开始出现国产兵轮的身影，福州与马尾之间开始有海军差船往返，闽江航运的轮船时代便从此时开始。1875年，一些精明的商人瞄上了闽江内河轮船航运的商机，开始在闽江做起了客运生意，闽江流域迅速成为内河航运的"黄金水道"。据1945年闽江轮船股份有限公司编印的《闽轮五年》记载：1930年初，闽江水系共有轮船183艘，营运航线达到27条。水上运输的兴起产生了大批的水上工人、码头工人。在人力车夫行业领导工人运动取得显著成效后，中共福州市委安排江涛到水上轮船、台江建成锯木厂、台江码头等工人群

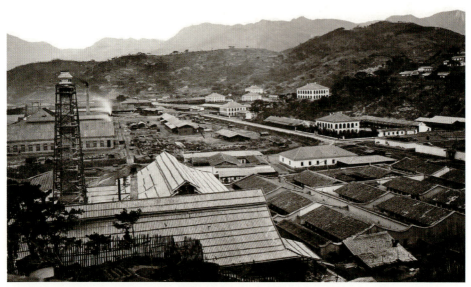

船政局全景图

蔡协民　　　　　　黄孝敏

众中去，建立工会组织，领导开展工人运动。1930年12月，江涛组织水上轮船工人反对资本家剥削、要求增加工资的斗争。结合纪念列宁活动，积极宣传俄国十月社会主义革命，宣传中国革命的高潮必将到来的道理，启发广大轮工的觉悟，唤起他们的斗争热情。在江涛的引导下，轮工江金玉、陈只只、江银银、陈依栋、王鱼团、林嫩妹等先后参加了革命斗争。

1931年3月，设在厦门的中共福建省委机关遭到敌人破坏。根据福建的现状，党中央决定暂不恢复福建省委，分别在福州、厦门成立中心市委。7月间，在中共中央巡视员姚促云指导下，建立中共福州中心市委，直属中央领导。中心市委主要成员有：蔡协民、陈仁材、邓子恢、黄孝敏、黄可仁等，蔡协民任中心市委书记。④为了推动连江、罗源及闽东一带的革命斗争，中心市委决定建立福州到连江罗源的水上乘船秘密交通线。1931年7月，在中共福州市委领导下，江涛以在福州做工的琅岐人身份做掩护，发挥熟悉闽江下游水路的优势，经常往返于台江、马尾、琅岐、连江、罗源，建立秘密交通站，将福州台江到琯头、乌猪、官岭一带的闽江水上交通成功地打通，无数地下工作者在这条水上红色秘密航线上，将游击队员、武器、电台配件、药品、书刊等战略物资和情报输送到连江、罗源和闽东地区，有力支援了闽东土地革命的开展，为闽东革命根据地的开辟作出重要贡献。

　　1932年1月19日，中共福州市委发动年关斗争，提出"反对年关减少工资""反对延长工作时间"等口号。台江地区义洲白马河是闽江上游流放木材主要停泊地。义洲及其附近帮洲一带成为福州主要的木材集散地，最盛时期，这一带木商、木牙行多达数十家。当时木材业兴盛发达，人们就按其主要销售渠道分成五大帮，俗称"天、南、台、北、福"，即天津帮（包括北京）、闽南帮、台湾帮、北帮（指宁波、上海及长江一带）和福州本地帮，产业工人众多。江涛心想：如果能在木材工人中开展年关斗争，不仅能帮助工人建立工会组织争取权益，还能扩大工人运动影响，响应市委提出的口号。于是，江涛只身来到木材工人中了解情况，他了解到工人不仅受到资本家剥削，同时还遭到黄色工会和工头的欺压，工资低，劳动时间长。同时，江涛还与工人谈心交朋友，帮助工人解决生活困难。在深入了解调查后，江涛选择在台江建成锯木厂领导"反对年关减少工资"运动。他带领温依枝等几十名锯木工人向资本家提出"减少工时，增加工资"的要求，反对资本家的残酷压迫与剥削，组织锯木工人赤色工会，跟工头、黄色工会作斗争，维护工人权益。江涛善于把经济斗争与政治斗争有机地结合起来，使斗争最终取得成功。

　　福州是鸦片战争后"五口通商"口岸之一，与台湾隔海相望，民众对帝国主义军事侵略、经济掠夺和文化渗透深恶痛绝。"九一八"事变后，由于国民党当局实施"攘外必先安内"的政策，残酷镇压人民抗日民主运动，大量日货涌进福州，福州成为华南地区最大的日货销售市场。日货的倾销严重伤害了福州民众的民族感情，又影响了福州经济的发展，各种形式的抗日斗争在福州大地上掀起。学生罢课、游行示威，工人们罢工，商界也联合起来把日货集中在南校场焚毁等等。福州中心市委及时地引导工人、学生和农民将经济权益的斗争与反日爱国斗争结合起来，派遣江涛和一批工人运动骨干到各地领导抗日斗争。担任共青团福州中心市委委员的江涛总是冲在游行示威最前面，领导锯木工人、码头工人、人力车夫游行示威，并同青年学生上街分发传单，号召福州人民起来反对日本帝国主义的侵略。

经过艰苦深入的工作和活动，江涛在人力车、锯木厂、码头搬运和水上轮船中发展了一批革命骨干力量，为发展党团基层组织，为福州地区工人运动的开展做了卓有成效的工作。经过残酷斗争的考验，江涛成为一位出色的工人运动领导者。

结识叶飞

秋冬的福州，天高云淡，温暖适宜。1932年初的一天，夜幕降临，一个清瘦、操着闽南口音的年轻人找到中共福州中心市委驻地。

中共福州中心市委书记蔡协民向年轻人伸出双手，微笑地握着他的手说："小叶同志，你辛苦了！"叶飞本来就身体单薄，被国民党牢笼折磨，面庞瘦得更是如刀削一般。

叶飞握紧蔡协民的手，旅途的疲劳让叶飞看起来有点憔悴，但是精神状态很好。

蔡协民伸手拍了拍叶飞的肩膀说："你先好好休息，过几天我安排你新的职务和工作。"

叶飞来到福州后，蔡协民找叶飞谈话的时候，问办了团转党手续没有。叶飞还不大明白，团委书记都是同级党委的委员，还办什么转党手续呢？蔡协民就告诉叶飞，立三路线结束后，恢复党、团、工、群，按规定没有办过转党手续的团员都要重新履行转党手续，这样，蔡协民作为介绍人，叶飞转为中国共产党正式党员。

福州早在1925年就建立起了全省第一个团支部，1927年"四三"反革命事变后虽遭到严重打击，但在1928年以后又在学校、工厂和农村开始恢复党团组织。蔡协民通知邓拓、林默涵、郑维新、王助、江

郑维新

涛等福州团中心市委骨干成员开会并宣布：受委派遣黄可英同志到建瓯加强党的领导工作，叶飞同志担任共青团福州中心市委书记。接着，蔡协民向叶飞逐一介绍团市委干部。介绍到江涛时，叶飞快步走上前，拉住江的手，两个年龄相似的革命者第一次并肩战斗。虽然叶飞在厦门，江涛在福州，他们没见过面，可是叶飞在团省委工作时，1930年上半年到晋江巡视工作，听黄可英特意提起江涛，表扬江涛革命热情高，意志坚定，工作很投入又机智。

"之前我在台江横街猪血店当伙计，现在拉黄包车。"江涛连连点头笑着回答。

蔡协民说："你们别看叶飞同志年纪虽小，但是革命经验可丰富了。1928年就担任厦门区团委书记，开始从事工人运动，之后当选团省委委员、团省委宣传部部长，经历过白色恐怖的考验。去年冬，叶飞参加团中央和全国总工会在上海召开的全国青工代表大会。希望团市委同志要服从组织决定，配合好叶飞工作，把福州共青团工作做得更好。"

叶飞来福州前就已经知道，福州共青团的工作基础很好。连江、福清和以福安为中心的闽东地区都建立了共青团组织，福州有五六个中学，还有茶叶工人、人力车、造纸等行业以及闽江的搬运工人中都有团支部。

王助说："福州共青团工作最有基础，是在学校学生中充实和发展，进步学生一般都是高才生，因为他们读书多，思想活跃，知识面广，又关心时事，容易接受革命影响，要在学校中多建立党团组织。"

江涛接着说："福州产业工人多，但是目前工人运动还不够成熟，我们很需要你这样有经验的同志指导。"

"对对对！"大家一同快乐地笑出声来了。在这间简陋的小房子里，气氛热烈，热情洋溢，一群二十来岁的年轻人表现出对革命对党的热情和忠诚。

"请叶飞同志说说厦门的经验吧。"江涛按捺不住激动地说。

年轻的叶飞兴奋地站起来，向大家介绍厦门党团工作的经验。1928年后，叶飞受命从事工人运动，他设法打进厦门罐头厂的黄色工会。学生出身的叶飞，第一次和劳动人民一起生活，虽然住在工人宿舍里，但和工人打交道总是觉得隔了一层，缺乏做群众工作的经验。后来多跟工人们谈心，帮助他们解决一些困难，取得工友们的信任和支持，慢慢地发展了几位团员并且建立了团支部。⑤

叶飞从自己的实践中感到青年工人工作观点确实是很有指导意义的。党内因为缺乏经验，有很多幼稚的"左"的倾向。

江涛同意叶飞的观点，说道："例如不愿意去利用黄色工会，搞关门主义，越搞越狭窄，结果脱离群众。互济会、反帝大同盟也是这样，本来是群众团体，却生怕人家不知道是赤色工会，结果，国民党抓到就杀，就没有人敢来参加了。"

"我们党就是在这样严酷的斗争实践中逐步成熟起来的。"蔡协民话语凝重地说。

江涛和在场年轻人都默默点头。

新中国成立后，叶飞回忆起早期工人运动时记忆犹新：工人农民运动起来以后，必然要遭到反攻政权和地主豪绅的镇压，迫切需要以革命的暴力对付反革命的暴力，打击反革命气焰，推进革命进程。

协助筹钱买枪

中共福州中心市委组建后，不仅重视城市斗争，也加强了对所属各县农村党组织的领导，尤其是闽东地区的农民斗争。而此时中共连江特支以杨而菖为代表的年轻党员，虽然革命热情很高，但对如何发动开展农民运动，还缺少实际经验。为了推动闽东、连江等地农民运动，福州中心市委派遣有丰富农村工作经验的邓子恢到闽东、连江等地指导工作。

1931年10月9日，中共福州市委农村工作巡视员邓子恢（化名林祖清）在交通员的护送下，从福州台江码头登上开往连江乌猪港的轮船，在闽江入海口乌猪港码头上岸后，翻过一个山岭后到达镜路，同中共连江特支书记杨而菖会面。特支其他领导同志也在等候邓子恢的到来。⑥邓子恢一到镜路，随即召开特支扩大会议，听取了连江土地、捐税、农民生活状况等情况汇报。邓子恢介绍闽西土地革命斗争的经验并传达了市委

乌猪码头

关于开展秋收斗争的部署。会议通过"关于做好准备，在党群基础较好的透堡、东湖、定安进行秋收减租抗债斗争"的决定。当天晚上，十八九个农夫会员陆续来到杨而菖家，邓子恢通过杨而菖翻译同他们交谈，耐心细致地做农夫们思想工作。经过几天工作，农夫会员发展到150人左右。邓子恢、杨而菖把农夫会员编成几个小组，健全了执行委员会。此时，农民斗争情绪高涨，发动群众减租运动的条件已经成熟。

10月27日，邓子恢、杨而菖领导的东湖、透堡农民的减租斗争爆发了。透堡的地主一面慑于农民革命的威力，不得不按照农会规定减租；一面则秘密纠集反动势力，向马鼻民团借来枪支弹药，对农民进行武装镇压。面对民团的武装镇压，愤怒的农民群众用自制的标枪、土制的手榴弹、大刀等武器同敌人激烈搏斗。经过三天三夜拉锯战，林顺妹、林积崧、林孝海壮烈牺牲，农会主席林孝吉、共产党员郑冬松、自卫队队员林细弟等7位同志被捕入狱。

为了保存实力，杨而菖带领暴动骨干25人退出透堡村，转移到大仓山。根据中共福州中心市委指示，陈开球等13人隐蔽在马鼻附近村落，开展秘密活动。杨而菖带着12名同志到福州仓山泛船浦市委联络站，在中共福州中心市委书记陶铸和互济会的安排下，他们到车行、盐行、码头当人力车夫等，杨而菖则以卖饼为掩护，来

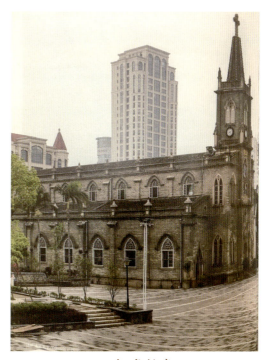

泛船浦教堂

往于福州与连江之间。⑦

　　减租斗争失败后，杨而菖和参加透堡减租斗争的同志都进行了深刻的思考与总结，他向组织汇报说："农民暴动单靠农民的标枪、大刀是不行的，我们必须要有武器。""我们党从前的错误，就是忽略了军事，现在应以百分之六十的精力注意军事运动，实行在枪杆上夺取政权、建设政权。"随着土地革命的扩大，工农兄弟需要的武器越来越多，靠缴获敌人的已不能满足需要，因此，上级指示杨而菖想办法购买一些武器，运到连罗游击区。

　　杨而菖在福州开展革命斗争期间，他与已是人力车夫的江涛结识，两个年龄相似、有共同革命理想信念的年轻人一见如故。江涛时常拉起黄包空车跑仓前山附近，过了横街就是万寿桥，他站在红色交通站对面猪油炒米摊的那栋楼，四处观察了一圈后，把黄包车停在小

透堡农民暴动遗址——林氏宗祠

院门内的榕树下。他走进里屋，就看见杨而菖坐在客厅，背向大门，面靠中壁。江涛打了个招呼之后坐下来。杨而菖把倚靠在藤椅上的腰身端直支起来，笑着问："江涛，你今天这么快收工？"

江涛说："我回来喝口水嘛！"

杨而菖又说："你轻松哦？你刚刚吃了一块猪油炒米吧。"

江涛笑着问："你怎么知道？"

杨而菖笑了笑，因为江涛的呼吸带有葱香味。

杨而菖

不久前，发生过一件不寻常的事。也是一个夕阳落山的傍晚，陶铸见到由杨而菖陪同前来的人力车夫杨起享、郑冬栓。起初他们站在小门外说话，语速很快，仿佛每一句都在飞。院子里的江涛听到了他们的说话，可是一句也没有听明白。他出门招呼大家进来吃饭。杨而菖侧身拍拍江涛肩膀，心里想着如何购买武器。

陶铸以关心的口吻问："小杨同志，你说买枪需要多少钱？"

杨而菖接着说："需要100元。"

听到100元，江涛顿时愣了一下，手不由地摸了摸口袋。

"杨而菖，我卖了一些小物件，凑了几元钱，昨天不是说还缺十几元嘛。"江涛递过手心紧握的一些钱币。

"江涛，我们已经把钱凑得差不多了。"杨而菖有些惊讶。

北洋军溃败后，很多枪支流落民间，各地土匪、大刀会为了壮大自己的实力，也到处掠夺和收买枪支。在远离福州中心的尚干，他们以低价买进枪支，再以高价卖给各地民团和土匪，所以枪的价格一路飙升。

"那就留下钱买子弹吧！"江涛坚定地说。江涛敬佩这些热血青年。为了买枪他们每天拼了命干活，把省下来的一点钱交到仓前山泛船浦梁运昌红色交通站，凑齐了101元购买了1支"曲九"手枪、100发子弹。福州中心市委发给连江县委红旗1面、军号两把、朴刀5把，由林己同到仓前山观音岭胶铜店领取回来，并指示杨而菖带领在福州做苦工的农工会员返回连江。

购买武器只是杨而菖走出的第一步，他要武器来壮大连江县工农武装力量，壮大工农武装队伍。

回连江后，杨而菖遵从陶铸指示，组建了特务队，抓紧军事训练，秘密策划在官坂乡发动"官坂暴动"。

官坂乡是国民党的粮库所在地，驻守着国民党民团。在侦察敌情并准备就绪后，6月6日，杨而菖在连江东川召集20多名游击队，乘着夜色深入官坂，在内应的配合下，枪杀了两个恶兵，缴获了5支长枪，当场烧毁地主的田契、债券，捣毁了国民党催捐逼税的契税局。当夜，游击队迅速转移到十里外的合山村。

为了帮助连江地下党组织建立闽中工农红军第一支武装，福州中心市委书记陶铸赶往连江巡视，开辟官坂合山村为连罗地区第一块红色根据地。6月19日，红旗在合山护国寺冉冉升起，嘹亮的军号声震荡山谷，"中国工农红军闽中工农游击第一支队"宣告正式成立。这支游击队也被当地群众称作"闽东工农游击第十三支队"，游击队员20多人，主要成员有杨与可、陈开球、林礼培等，支队长王调勋（后叛变），政委杨而菖。

陶铸领导下成立的中国工农红军闽中游击队第一支队
遗址——官坂合山村护国观音寺

　　连江县红军游击队组建，使国民党反动派大为惊慌。盘踞在连江
的国民党海军陆战队一个武装连队，纠集透堡、塘边的反动民团，迅
速向合山根据地包围。游击队只能暂时转移到长龙深山活动。

　　新建连罗红军游击队初露锋芒。为了加强部队的作战能力，杨
而菖积极开展红军游击队的军事训练，并对政治教育、组织纪律、日
常生活等方面作出具体规定。为了加强部队中党的建设，成立了游击
支队特支，下设党小组，保证中共福州市委对这支工农武装的绝对领

官坂合山村

连江长龙

导。游击队势如破竹，一连消灭了18个民团，解放了罗源20多个乡村，开辟了连罗红色根据地。战斗中，迅速由50多人枪扩大到160多人枪，军威大振。

---

①中共福州市委党史研究室著，石建国主编：《福州革命史》，1999年8月，98页。

②中共福州市委党史研究室著，石建国主编：《福州革命史》，1999年8月，99页。

③江国荣：《回忆江涛烈士》，1986年1月18日，1页。

④中共福州市委党史研究室著，石建国主编：《福州革命史》，1999年8月，110页。

⑤林强、鲁冰：《叶飞传》（914～1999），8页。

⑥中共连江县委党史研究室：《连江革命史》，2011年12月，75页。

⑦中共连江县委党史研究室：《连江革命史》，2011年12月，84页。

第三章　琅岐革命　被捕入狱

回家乡闹革命

1931年，中共福州中心市委建立后，根据中央指示，福州、厦门中心市委分别承担了福建省委的工作，因此，福州市委的工作范围扩大到莆田、仙游、连江、罗源、永泰、福清、长乐、福安、宁德、寿宁、霞浦、建瓯、建阳等数十个县。这个时期，中共福州中心市委不仅重视城市斗争，也加强对各县农村组织的领导。特别是从闽西调到福州工作的市委领导，如郭滴人、邓子恢、蔡协民、曾志等，他们根据闽西苏区的斗争经验，逐渐认识到白区党组织的发展应该突破城市的局限，必须在广阔的农村发动群众，建立武装和政权。因此，福州中心市委指示各地"党必须坚决地领导正在猛烈开展中的邻县农民斗争，马上把游击队组织起来，在农村中进行解决反动武装，帮助及发动农民起来斗争，到这样的工作当中，去创造新的苏维埃区域"。

根据指示，中心市委派遣革命骨干分赴各地领导农村斗争。马立峰担任福安县委书记，福安县委"大力建党，大力发动群众，建立武装，建立农村根据地"，并且提出"抗捐、抗税、抗粮、抗债、抗租"和"打土豪、分田地"的斗争口号，在广大农村中得到热烈响应，赤色农会、贫农团等农民组织像雨后春笋般迅速发展。邓子恢到连江指导革命斗争，发动农民开展秋收斗争。透堡、东湖、定安等地农民积极投入减租斗争，农民初次尝到斗争的成果，同时还秘密组建工农游击武装以保卫斗争果实。王于洁担任莆田中心县委书记，整顿原有的游击武装后在常太、渡里等地建立了一支30多人的游击队伍。

马立峰

琅岐岛新貌

江涛出生在琅岐岛，当地革命斗争还比较薄弱，为此，福州市委决定派遣江涛返回琅岐岛组建农民武装队伍。

叶飞找来江涛告知他：市委正在派遣革命骨干到各地领导农村斗争。江涛是团市委领导成员，叶飞建议他回到琅岐岛，到自己熟悉的农村，组建属于农民的武装队伍，建立基层党团组织。

江涛坚定地说："坚决服从组织安排。"

叶飞向江涛投来肯定的目光，反复交代：琅岐岛扼守着闽江出海口，战略地位重要，国民党的陆军和海军陆战队、民团、恶霸、海匪等各路武装势力在岛上盘根错节。叶飞让江涛回到琅岐后要尽快建立贫农团和革命据点，发动贫农开展"抗捐、抗税、抗粮、抗债、抗租"和"打土豪、分田地"的斗争，时机成熟了再拉起一支武装队伍，这样才能建立游击区，保卫革命成果。

"明白！"江涛斩钉截铁地回答。

随后，江涛也以共青团福州中心市委委员身份，带着交通员江国荣一起回到家乡琅岐开展地下游击革命。

琅岐岛面向大海，与长乐、连江隔水相望，土壤肥沃，是个半农半渔区，沿江农户置有小船，以捕鱼为生。琅岐岛漫长的海域、纵横交错的港湾、众多的岛屿、天然独特的自然环境为琅岐游击革命斗争创造了得天独厚的条件。

陆军新编第四军公函

1932年盛夏，江涛带着交通员江国荣秘密回到琅岐。参加革命后，江涛把原来名字江依才（江涛原名江依才、江其才等）改成了江涛，别名江依龙，号扬秋。为了保护家里亲人安全，江涛跟家人很少往来。他这次回到家乡选择把江国荣在上岐村家的茅草屋、上岐将军道、上岐旗下

上岐革命老区村必达里

角必达里作为秘密革命据点。①上岐乡旗下角必达里江达霖民房小阁楼是江涛经常开会地点。为了防止国民党保安团突然袭击，江达霖母亲董雪金在江涛秘密开会时，时常守在旗下角必达里北门口墙边，以缝补衣服为掩护放哨，观察四周动静，发现有陌生人出入，立即到家里一层厨房，以丢响铁锅声为暗号，楼上秘密开会的地下游击队收到信号后就立即转移。

江涛、江国荣化装成贫农分头到附近乡村走街串巷，了解情况。他们很快了解到上岐一带农民正为交不起粮债而愁苦怨恨，决定以夏荒断粮为导火线，发动农民开展抗粮、抗债斗争。江涛和江国荣挨家挨户来到贫民家里聊天谈心。有了他们的启发和带动，贫民的斗争热情很快便被调动起来，表示愿意跟着他们一起和地主抗争。在走家串户秘密宣传串联中，江涛看到了贫农中蕴藏的革命积极性，也增添了工作信心。江涛决定建立上岐乡贫民会，很快就有几十人加入贫民会。江涛见时机成熟，就在江氏祠堂召开群众大会。

"雇农们，贫苦农民们！你们说说世界上还有比这更不公平的事情吗？剥削穷人的地主们可以吃不完穿不完，而我们贫苦农民连过年都吃不饱。"

"不甘饿死、冻死的贫苦农民只有团结起来斗争，起来反抗，才有我们的出路！"

江涛和江国荣号召贫民团结起来参与抗粮斗争，提出"打倒国民党反动派，打倒帝国主义，打倒封建地主、土豪劣绅"的斗争口号，逼迫地主向农民妥协屈服。斗争取得了胜利，沉寂一时的琅岐革命出现了良好势头。上岐抗粮斗争就像一股强劲的春风，让邻村的农民从上岐农民斗争中看到了团结起来的力量，深受鼓舞。他们纷纷请江涛、江国荣去帮助建立农会，很快琅岐岛上许多乡村都建立了秘密农会。

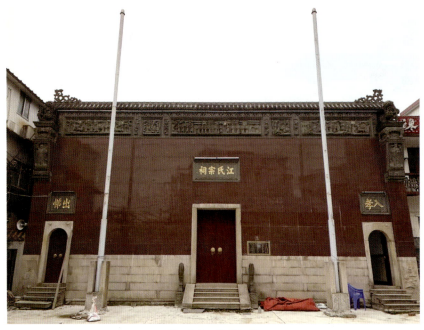

上岐江氏祠堂

琅岐党支部成立

革命的烈火在琅岐岛上燃烧，江涛及时发展了江存瑗、江存育、江达霖等一批在斗争中表现勇敢坚定的进步青年入团，并且成立共青团琅岐支部，同时还成立了农民自卫队、游击队。1933年底，琅岐岛游击队由江涛、江国荣2人迅速发展到包括江依芘、江骨骨、江绕绕、江存禄等20多人。[②]琅岐游击队有了土枪、红缨枪、弓箭、长矛、梭镖、梭枪、大刀等简单武器后，江涛带领游击队打击群众深恶痛绝的民团恶霸，同时，以上岐雁行洲为据点进行游击队的军事训练，提高游击队员军事素质。游击队武器缺少而且缺衣少食，驻守岛上的国民党军武器装备精良，江涛和琅岐游击队就是在这样极端困难条件下发动减租反霸、打击海匪斗争。1933年，经中共连罗县委批准，江涛在琅岐领导建立苏维埃政权，江国荣担任苏维埃政府主席，陈只只任副主席，委员有江存法、陈春海、江吓俤、江达霖等。随后，又成立地下党特支组织，江涛同志为特支书记。随着苏维埃政府、地下党特支的成立，各种群众团体也不断发展壮大，如农民协会、船民会、贫农团、妇女团、儿童团等。这些团体在广大贫苦民众中播种了反抗国民党反动派和封建官僚的火种，为琅岐革命斗争写下了光辉的历史。

被捕入狱

　　由于在福州工运、青运及农村革命斗争中的出色表现，1933年，江涛担任中共福州团市委委员，协助叶飞书记领导福州及周边地区团组织工作。江涛经常往返福州与周边各地，恢复建立各地党团组织。当时福州处于白色恐怖统治之下，革命斗争充满危险，脱离组织、叛变革命等时有发生。

　　1933年，江涛在领导台江工人游行示威活动时被捕，江涛被以"政治嫌疑犯"的罪名拘留关进了福州第一监狱。入狱后不久，监狱警察提审江涛。

　　"江依龙，只要你把福州地下党活动情况说出来，你就可以马上出去了。"狱警对江涛说。

　　"我只是一名黄包车夫，不知道什么叫地上地下的，叫我讲什么？"江涛语气坚硬地回答。

　　"我看你还是老实交代了吧，说了还会得到一笔不少的钱，怎么样？免得受皮肉之苦。"

　　"我不知道就是不知道，要吃苦也没办法！"

　　狱警提审了几次，威胁利诱都奈何不了江涛，也没问出个名堂，只好扫兴离开。这样江涛在监房里蹲了几个月。在监狱中，江涛受到残酷折磨，身患重病，衣衫褴褛，过着非人的生活，经受着生死的考验。监狱伙食很差，一般只有发霉大米煮的稀粥和馒头，其他的什么也没有。这期间，江涛经受各种威胁和利诱，但都没有灰心和动摇过，他始终认为：中国共产党的正确主张绝对能取得绝大多数人民的拥护，因而对光明前途和革命一定能取得最后胜利的信心无比坚定。

　　在狱中还有许多共产党人，包括陈祥榕等。中共福州中心市委常委陈祥榕兼任福州中心市委军委书记，是向党中央汇报工作从上海返回福州，因叛徒告发被敌人逮捕了。由于敌人没有掌握证据，只得以"共党嫌疑犯"罪名判其有期徒刑4年。在狱中，共产党人开展坚决的斗争，顶住敌人酷刑，严守党的秘密；成立狱中组织，开展宣传争取工作；狱中看书唱歌组织难友绝食，开展斗争。艰苦的狱中生活，复杂的斗争方式，反而让他们的意志更加坚定。他们编写刊物《狱焰》，以诗词、杂文等为主要形式，内容包括分析国内外形势，斗争"炕头"（狱霸）的经验，揭露狱方的"反省教育"阴谋等，起到了交流思想、鼓舞斗志、团结同志的作用。刊文中写道："他们要摧残我们，我们一定要爱护自己的身体，我们是革命者，决不能向恶劣的环境屈服，要坚决斗争。我不怕死，是因为他们害怕我们的真理。"

陈祥榕

中共地下党组织非常关注被捕的同志，经常通过互济会派人到狱中探望，将党的方针政策与革命斗争的情况告诉他们。狱中的同志则把监狱作为开展斗争的新战场。为了有计划、有领导地与敌人作斗争，他们利用放风的机会秘密串联。为了进一步改善政治待遇，他们还扩大斗争的方式，"政治犯"也需要与普通犯一样享受"外出劳动"的权利。狱方口头应允了这一要求，实际上却加紧了对"政治犯"的迫害，给每个"政治犯"都戴上镣铐。第一监狱的19名"政治犯"再次进行绝食斗争。中共福州中心市委得知狱中同志再次绝食的消息，立即以互济会的名义发表

中共福州地下党刊物《工农报》

《为要求释放革命战士告福州工农劳苦群众的宣言》，号召全体会员及一切同情革命的人们，起来作有力的声援，以达到最终释放革命同志的目的。同时，中共福州中心市委还通过《工农报》，向广大民众发出要用群众的力量来威胁国民党接受"政治犯"提出的要求，使在狱战士"早日复食"的呼吁。③除此之外，羁押监狱的"政治犯"向当局提出要求阅读书报，解除3年以下刑期"政治犯"镣铐，自己管理伙食等5项条件，未被接受。他们决定再次进行绝食斗争。

10月17日，当福州市互济会接到福建第一监狱"政治犯"准备绝食斗争的信件，立即召开援救会议，决定发动被捕家属，于第一天全体进狱探望并参加绝食；同时又发动社会各团体和学校组织参观监狱，并将狱中斗争和监狱内幕向报馆揭露。监狱内外的斗争紧密配合，给狱方在政治上、社会舆论上造成巨大压力。"政治犯"绝食了30小时后，当局接受了5项条件，绝食斗争又一次取得胜利。通过几次斗争，第一监狱"政治犯"的生活条件有所改善。

就在江涛等地下党在狱中同国民党斗智斗勇之际，外面却发生了惊天动地的大事，同时也改变了更多共产党人的命运。

1933年10月，一封绝密情报传进南京鸡鹅巷五十三号，内容极其简单，却足以令国民党南京政府为之震惊：十九路军有异动。

1932年"一·二八"战事爆发，驻防上海第十九路军奋起还击，抗击日本侵略军优势海空猛攻和武器装备优越的四个师团长达40天之久，十九路军由此声名大振，总指挥蒋光鼐、军长蔡廷锴成为世人瞩目的民族英雄。战事结束后，十九路军被调往福建整训，参加对江西苏区的"围剿"。同时，蒋光鼐被任命为福建省政府主席，蔡廷锴兼任福建绥靖公署主任。蒋介石的所作所为引起了十九路军严重不满，1933年11月20日，以著名爱国将领陈铭枢、蒋光鼐、蔡廷锴为核心的第十九路军抗日反蒋势力联合黄琪翔领导的第三党和李济深、陈友仁等国民党内的一部分势力，为反对蒋介石卖国投降政策，在福州南校场召开了"中国人民临时代表大会"，共有20多个省、市和海外华侨代表等数万人参加，通过了12项决议案及建立福建人民革命政府提案，发表了《人民权利宣言》，史称"闽变"。④11月22日，新成立的中华共和国人民革命政府为履行10月26日与中国工农红军代表签订的《反日反蒋初步协定》，于12月1日颁布了《大赦令》，赦免了因反对蒋介石南京政府而遭到逮捕、监禁、处罚者，并于12月上旬由省高等法院和闽侯地方法院分3批释放了在押的全部"政治犯"152名。马立峰、黄孝

《反日反蒋的初步协定》

敏、范式人、练文澜、陈祥榕、江涛、杨采衡等先后被释放。

鼓山军事培训

第五次"围剿"牵制了国民党大量兵力，原驻扎在闽东的海军陆战队第一旅和八十七师被调动参加"围剿"中央红军，仍驻连罗的海军陆战队则退缩在马尾军港，闽东地区反动力量较为薄弱。

中共福州中心市委利用有利形势，把革命斗争推向新的发展阶段。1933年6月之后，中共连江（中心）县委陆续在连罗地区的石别、河阳、巽北、马透、前屿（下屿）、颜岐等地建立地方武装组织。连罗地区多支游击队建立后，军事人才严重缺少，为此，中共福州中心市委决定举办军事训练班，向闽东地区输送军事干部。刚刚出狱的江涛参加了军事训练班，训练地设在鼓山山区。鼓山地势险要，连绵横亘百余里的大北（岭）、小北（岭）和鼓岭的群山高峰环抱，另外，在鼓岭有外国人的度假区，可以避开国民党的势力，有利于保密。

按照福州市委的要求，培训班要系统学习当前的政治形势、军事理论、作战技巧等，便于更好地指导以后的作战实践。训练科目分两个阶段进行。

第一个阶段学习政治形势。从当时反"围剿"斗争讲起，阐明共产党是为穷苦人民谋利益的政党，所以党的力量和革命根据地才能不断发展壮大的道理。讲课和讨论相结合，使学员们普遍提高了思想觉悟，认清国民党必败、共产党必胜的形势，增强斗争胜利的勇气和信心。

第二阶段是军事训练。江涛和学员先在室内学习枪支拆枪、安装、故障处理等基础技术。他们熟悉了手枪性能、掌握了用枪的基本要领后，又分两批到偏僻的山沟沟里，训练瞄准、射击，并进行实弹演习。除此之外，他们还经常到险要之地进行山地攻防演练，培养坚韧的品格和出色的作战技能。

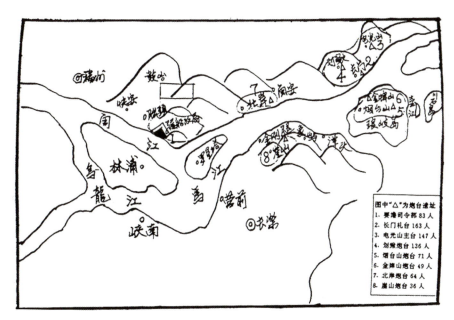

图中"△"为炮台遗址
1. 要港司令部 83 人
2. 长门礼台 163 人
3. 电光山主台 147 人
4. 划鳅炮台 136 人
5. 烟台山炮台 71 人
6. 金牌山炮台 49 人
7. 北岸炮台 64 人
8. 崖山炮台 36 人

海军马尾要港司令部兵力部署示意图

福州市委专门租了一幢远离村庄的独门独院民房，作为训练班的活动场所。江涛和十几位培训学员统一居住。鼓山盛产石头，山上很多房子都是用石头盖的，冬暖夏凉。房子上下两层，住着地下交通员的亲戚，一对老夫妻和几个孩子，可以容下20多人一同吃住。院落里错落置放着许多石鼓、石桌。

当时农民的收成不好，家家户户都吃不上白米饭，当地有民谣唱道："山里缺田洋，番薯当主粮。要吃白米饭，做亲嫁南洋。"鼓山山区有一种特别的食物——地瓜米稀饭，那时候吃不饱就都指着这地瓜米饱腹了。每当军事训练结束后，房东阿婆就会从米缸里掏出一布袋糯米，洗干净了，和进地瓜米稀饭的大锅里，不一会儿，一大锅香喷喷的地瓜米稀饭便熟了。这时，阿婆让几个孩子到西屋里玩，给江涛他们每人端上一碗。已经几天没饱过肚子的几个娃在伙房外闻着这和平时不大一样的米香，呆呆地昂着头，咽着口水。这一切，江涛都看在眼里，招呼孩子们过来一起吃。孩子们就像过节一样开心得不得

鼓山

了。夜幕下的石厝里油灯忽明忽暗，默默地发着微弱的光，院落里的石鼓见证着一幕幕温馨动人的场景。

秋冬时节鼓山山区寒湿，山上人家都有做青红酒驱寒的手艺。训练正值寒冬，每当夜晚，阿婆会温一壶青红酒，就着花生米、萝卜干，几杯下肚，学员睡着通铺一夜到天明都不用翻身。

院落的石鼓、石桌、马槽是他们开会的重要用具。江涛他们把枪支武器藏在马槽里，马槽上盖上一块木板，就成了临时的办公桌。他们经常在桌上铺上连江、罗源的地形图。他们在这里一起交流探讨如何打游击战，如何里应外合两边夹击，逐一拿下敌人的据点。

这栋房子里最为关键、最为特别的就是阿婆床底下是一个暗格，只要山里远远的有急促的狗叫声，家人马上把床上的草甸子一掀，木板翻起来，枪支就可以藏进去。这里一般不会被人发觉，因为是闺房，一般不会有男人进出，要真是搜查起来，也不便查个底儿掉。

有一次，江涛和学员们外出到深山沟里训练，村里的民团到家里来。孩子们都还在睡梦中，被这突如其来的搜查吓得哇哇大哭。他们上下里外搜了个遍，没有发现什么。民团问阿婆："你们家男人呢？"

"下地去了。"

"听说你家来了共产党！"

"没有啊，什么是共产党？"

民团对着阿婆耳边，低声且煞有介事地说："别装了。我听说最近有十几个人进了你家！"

阿婆冷笑一下："哼，他们是我家亲戚，来帮忙打石的，这几天去山里了！你就是看我家男人不在家来栽赃的！"

"你！"民团气急败坏，大声呵斥阿婆不知好歹，边骂边举起一张椅子摔在地下，把桌子也掀翻了。本来就不牢固的条凳被压断，椅子也摔歪了。

江涛居住的民房隐蔽性强，地势又高，后山没有上山的路，一般没有人出没。如果有情况，学员可迅速躲进后山，消失在敌人的视野之外。如果在屋里培训开会，都会有两名学员负责放哨，一个负责蹲守在鸡笼里，一个躲在东屋墙下，视野开阔，可以最先看见来往的行人。当发现敌情，蹲守在鸡笼里的学员迅速用弹弓射击东屋墙底下的队友，队友以最快的速度，通知屋内的人，迅速从后门向后山撤离。

在鼓山训练的同时，培训班注重培养学员采取和运用文艺形式进行革命宣传的能力。学员们学习编写布告，采用排列整齐的快板诗句式，宣传革命宗旨。当时，在培训班传唱着中共连江县委编写的一首题为"共产主义妙"的歌谣：

共产党好，

共产主义妙；

共产那实行，

穷人有好厝住。

起厝平平高，

机器会种田（指拖拉机）；

没油灯会亮（指电灯），

没人会讲话（指收音机），

美好在将来。

这首歌谣采用方言，通俗易懂，鼓舞群众的革命热情，激发了人们对美好未来的向往。

同时，他们结合军事编写了各种歌曲，如《手榴弹歌》，歌中唱道：

手榴弹准备好，看好目标向前打；

轰隆一声开了花，打得敌人哗啦啦。

手榴弹准备好，看准目标向前打；

轰隆一声开了花，打得敌人丢脑袋；

轰隆隆哗啦啦，打得敌人回不了家。

这座不大的古厝，每间屋、每扇门，一草一木无不记录着那个烽火连天的岁月。深山寂静，将那段光辉历史印刻在其中，沉淀在历史长河，敲响山峦，它犹如黎明前的灯塔，默默指引着江涛追求真理的方向！

经过短暂的军事训练，陈祥榕、魏耿、江涛、杨采衡、陈茂章、练文澜、陈元宰、缪淑英等17人，迅速学习了各项专业知识，成长为优秀的领导干部。培训班结束后，福州中心市委派遣江涛到连江任团县委书记兼中共连江县委委员。江涛奉命到连江开展革命斗争。

---

①江国荣：《回忆江涛烈士》，1986年1月18日，3页。

②江国荣：《回忆江涛烈士》，1986年1月18日，3页。

③中共福州市委党史研究室著，石建国主编：《福州革命史》，1999年8月，122页。

④中共福州市委党史研究室著，王命瑞主编《十九路军在福建》，2015年11月，329页。

第四章 转战连罗 出生入死

连罗团县委书记

1932年10月15日，中共福州中心市委书记陶铸主持召开第二次扩大会议。会议决定：进一步开展福安、连江游击运动，创造出闽东新苏区。这是福州党组织首次以文件形式提出"创建闽东苏区"的架构与区域范畴，即南部以连江为中心，涵盖罗源县；北部以福安为中心，向福鼎、寿宁等县发展，为创建鼎盛时期的闽东苏区1.1万平方公里红色政权奠定了基础。

"闽变"发生后，连罗地区革命形势急剧发展。其时，驻守在闽东的伪海军陆战队放弃了许多据点，龟缩在飞鸾、三都一带，这给连江、罗源革命武装暴动和苏维埃政权的创立提供了有利条件。

在中共福州中心市委强有力的领导下，游击战争的烈焰从连江山面地区燃烧至罗源山区。党的组织、队伍在斗争中不断壮大。1933年上半年，中共福州中心市委派遣团市委书记叶飞到连江召开连江、福安、永泰等县团活动分子会议，布置工作，连江团组织工作有了很大起色。1933年9月17日，连江工农游击队在杨而菖率领下，一鼓作气荡平透堡地主民团，解放了透堡乡，红旗在透堡4个城门高高飘扬。随即召开连江县委扩大会议，中共连江县委升格为中共连江中心县委，统一领导连江、罗源革命斗争，创建连罗苏区。中心县委书记陈茂章、组织部长林孝吉、宣传部长杨而菖，委员有郑厚清、林长安（12月后增补陈祥榕、杨挺英、江涛、魏耿）等人。从此，中共连江中心县委与地处闽东北翼的福安中心县委相呼应，一块红色根据地屹立于福建的东方。

透堡攻下后，距离透堡仅10公里的马鼻是连江东北的重镇，成了封建地主的大本营。国民党马鼻区区长陈少轩、民团团长陈利元收罗周围区乡的逃亡地主，扩充了民团势力，合计反动武装有200多人枪。

敌人仗着人多势众，经常骚扰袭击苏区。中共连江中心县委和游击部队决定于1934年1月1日深夜，解放沿海重镇马鼻。

1933年12月31日下午，江涛带领部分游击队员，提前潜伏在马鼻龟山。从龟山这里可以俯视整个马鼻村。夜色笼罩着大地，马鼻方向突然响起了一阵急促的枪声和手榴弹的爆炸声，接着出现了耀眼的爆炸火光。游击队以夜袭战术向马鼻敌民团发起正面反击，并组织赤卫军和群众在两翼佯攻助战。杨而菖、陈茂章等率领游击队水陆并进，激战一小时。敌人招架不住，败下阵来溃逃，仅剩下十来个死硬分子躲进横厝街的厚裕米厂负隅顽抗。

马鼻厚裕米厂坐落在马鼻北门的高大宅院。楼高墙厚，长方形的围墙把两栋并列的七间青砖瓦房包在里面。正房两侧有东西厢房陪衬。宽宽荡荡的大院一角是几个贮粮食的大圆粮仓。围墙正面两扇油黑大门对开，宽厚的墙体有3米多高。高墙四角建筑着4个炮台，炮台的小屋里昼夜有炮手和枪手守护。民团凭借着坚固的围墙阻止游击队多次进攻。眼看久攻不下，多名游击队员负伤牺牲，杨而菖带领游击队员又一次发起进攻。突然，敌人从楼上抛下一颗手榴弹，还没有爆炸，杨而菖果敢地捡起这颗手榴弹准备扔进楼内。刹那间，手榴弹在他手中爆炸，直接将杨而菖的肩膀炸断，把他掀飞了出去，头部受到重创，鲜血四溢，杨而菖当场壮烈牺牲。

江涛目睹了身旁的游击队员一个个倒下，把愤怒和悲伤化成力量，带领游击队员和群众把厚裕米厂团团围住，火把如龙蜿蜒，火光冲天。

"为杨政委报仇！"

游击队员和群众的呼喊声震天撼地。敌人再也无力反抗，民团总团长陈贞元、匪首游学雁、副官陈学秋等全部被俘获。敌人最后据点被攻占，马鼻镇宣告解放。

东方露出鱼肚白，借着微亮的晨光，战士们几乎没有露出胜利的表情。环顾着被打成了一片废墟的战壕，江涛重重叹了口气："杨而菖牺牲了，损失太大了。"整个透堡乡，都沉浸在悲恸、哀戚当中。当地许多群众，尤其是红军游击队战士，悲痛欲绝。1934年1月3日，中共福州中心市委、连江中心县委在透堡大王宫举行杨而菖烈士公祭大会，万余名苏区群众自发来到会场。公祭结束后，紧接着召开连罗两县工农兵代表大会，讨论连罗苏区县、区两级政府主要干部人选，并作出了3项重要决议：

一、大力加强建党、建团工作，号召连罗两县工农劳苦大众加入共产党队伍；

二、立即召开全县苏维埃代表大会，成立县苏维埃政府，发表县苏维埃宣言，增建4个区苏，整顿与健全全乡苏领导，全面实行土地改革；

三、把游击队扩编为"中国工农红军闽中（东）第十三独立团"。①

1934年1月，连江中心县委组织部长杨挺英在透堡主持连罗工农兵代表会议，选举成立连江县苏维埃政府，林孝吉为县苏维埃主席。县苏维埃政府下辖6个区、296个乡村苏维埃政府（包括闽侯县桂湖等13个乡苏维埃政府，归连江四区政府领导），区乡地方干部595人。原福州中心市委特派来连江视察工作的巡视员苏达，在莺头村召开了连江县委扩大会议。会上改选了连江县委领导机关，陈祥榕同志任县委书记，组织部长杨挺英同志在调任罗源县委工作后，由郑仕雍（即郑敢）接任，陈原为宣传部长，缪兰英为妇女部长，江涛为共青团县委书记。

到1934年2月中旬，在此起彼伏的农民暴动分田斗争中，各地的苏维埃政权如雨后春笋般地涌现出来。短短几天时间，连罗工农红军游击队以势如破竹之势，接连攻下筱埕、坑园、晓澳、黄岐等大乡镇，苏维埃的旗帜在连罗大地上飘舞。连罗地区先后共成立了6个区苏、

174个乡苏、296个村苏，连罗两县有20多万人口分到了土地，实现了"耕者有其田"。连江苏维埃政权扩大到坑园、颜岐、下屿、前屿、龙头、拱头、东川、鲤溪、村前、赤石、浮曦、北山、龚屿等乡。从此，连罗苏区的土地革命进入了鼎盛时期。在创建苏区的斗争中，江涛配合连江县苏全面开展工作，特别是广泛动员群众尤其是青年加入红军，充实红军队伍。其时，苏区出现妻送郎、母送子争当红军的动人情景。

领导连罗苏区团建设

1934年1月下旬，随着"闽变"的失败，国民党海军陆战队在地主民团配合下猖狂向连罗苏区进攻，沿海的马鼻、透堡苏区相继失陷。1934年1月底，中共福建临时省委在给连罗县委的信中进一步指出：要使青年团组织等健全起来，要加紧帮助青年团扩大组织，要加强对团的领导，帮助团进行青年群众的工作，建立少年先锋队和儿童团组织，并派遣临时省委组织部长苏阿德（苏达）以省委巡视员身份来连罗苏区指导工作。

1934年2月初，苏达在交通员的护送下来到连罗苏区，深入各地了解情况后，发现连江中心县委存在偏于重视苏维埃运动，忽略吸收新党员和在斗争中强化党组织的领导与建设，存在"宗派主义与乡土观念"等问题。苏达决定在官坂（十区）莺头村"真武庙"召开县委扩大大会。会议一致通过关于在反"围剿"保卫苏区、保卫土地革命成果斗争中大力培养和发展进步青年加入共青团，健全壮大各级（县、区、乡）党团和少共、少年先锋队、儿童团等组织的决议。

江涛认真贯彻执行临时省委的指示和县委的决议，深入各村调查了解情况并进行具体指导，搞好团组织的整顿和建设，使这些地区的团组织迅速建立健全起来，并及时总结推广。根据1986年连江县党史部门采访当年与江涛一起革命的连江县坑园乡下屿村老游击队员郑敢回忆："江涛同志担任连江团县委书记期间，他经常与群众接触宣传革命道理，发展青年入团，并把妇女也组织起来，与地主恶霸进行斗争。因为那时的革命游击战争需要发动青年参军增强战斗力量，他在我们这一带到处走动，尤其是官坂的莺头村，他住得最久。因为这地方的地理位置很重要，是上山下海必经之地。"

莺头村位于连江县的北部，居于官坂军垦农场和文山军垦农场之间，南邻浦口镇官岭村，北邻东沃、东头村，距县城28公里。莺头村有着悠久历史，村落中保留着众多的古民居、祠堂、古井、老街、旧巷。中央红军第五次反"围剿"失利后，主力红军被迫长征，逃亡的土豪劣绅拼凑"还乡团"，领着国民党军队和保安团疯狂进攻苏区。莺头乡地下党员和苏维埃干部与国民党反动派进行英勇斗争，涌现了许多革命烈士：黄教品，时任莺头村苏维埃政府主席，国民党八十七师包围莺头村的时候被现场杀害；黄问笃，官坂苏维埃政府战士，1934年也在莺头村被国民党杀害；卢咸顺，白鹤乡莺头工农赤卫队队

中共连江中心县委扩大会议（莺头会议）遗址

连江县革命委员会成立旧址（土地革命时期）

员，在莺头村被国民党军杀害；黄能家，连江县红军独立营战士，在颜岐战斗中壮烈牺牲，等等。

莺头会议后，县、区委负责同志深入各苏维埃乡村，在重点建团（共青团）、少先队基础上发现和培养骨干，进而吸收加入中国共产党，在乡村普遍建立党的支部组织，健全党团组织生活会和斗争纪律。江涛不仅领导全县共青团工作，而且还亲自到官坂、坑园等乡宣传发动。根据1986年连江县党史部门采访当年江涛战友，连江马鼻镇南门村老游击队员林广回忆："江涛1933年奉调来担任连罗团县委书记，我那时是连罗中心县委执行委员兼红军第十三独立团政治部主任。他是负责地方工作，他所领导的团组织搞得很出色。在连江县组织发展潘度（四区）、长龙和浦口（二区）、丹阳（五区）、马鼻（六区）、官坂（七区）、奇达（八区）、城关（一区）、琯头（三区）等团区委。"

1934年春季，江涛同志指派陈云飞等同志到罗源长基、北坑一带建立党团组织，发展了吴朱弟、吴瑞江等9人，建立了罗源第一个团支部——长基北坑团支部。与此同时，还组织了长基北坑儿童团，人数共达70人。同时，江涛还派邱铁民到北山屿乡，发展了于子谷、张家能、张本来等人入团，成立了北山团支部；发展了林雪梅等，建立了巽屿团支部。

经过江涛艰苦卓绝的工作，这一时期在连罗苏区各乡很快建立和健全了共青团组织，在很短的时间里先后建立了8个团区委20多个团支部，发展少先队员300多名，光在罗源就建立儿童团组织20多个。在健全各级共青团组织的基础上，他大力开展团的活动，发挥团组织的作用。他还号召广大工农青年积极参加分粮、分地和建立革命政权等斗争。江涛分析了共青团情况，根据共青团员、儿童团员年龄小、活动不易惹人注意、不易引起敌人的警觉的特点，要求共青团员、儿童团员承担侦察政情、购买军需用品、递送信件情报、站岗放哨等特殊任务。

由于这一时期大力加强了团的组织建设，加强了对团的领导，使得当时不少的团组织在革命中发挥了重要作用。当年的巽屿团支部，在骇人听闻的"巽屿惨案"中，为了抢运红军伤病员出岛，为了组织掩护群众撤退，共青团员们冒着敌军从船上射来的密集弹雨，勇敢地战斗在第一线。团支部书记林雪梅、团员陈桂玉等为护送红军伤病

桂湖二三纪念馆

员和群众安全撤出孤岛，不顾个人安危，几次往返岛上，逐户动员老弱妇孺撤出岛外，而她们自己却来不及撤走，最后在追敌搏斗中献出了年轻的生命。共青团等组织的作用的充分发挥，使共青团儿童团等组织成了连罗革命一支生力军。②

在连罗苏区工作期间，江涛还经常深入乡村发展革命力量。时任连罗中心县委执行委员兼红军第十三独立团政治部主任林广回忆："他还在这里成立一支游击队，有几十人，是他亲手组织和直接领导。有一次，他到丹阳地区开展工作。由于他善于接近群众，善于在各种场合针对不同的对象开展宣传工作，当时在丹阳搞裁缝谋生的林大妹同志，在他的启发引导下，毅然参加革命，回到家乡桂湖乡进行活动。10月前后，桂湖乡各自然村都成立了苏维埃政府，并着手分地分粮。"

江涛在领导党团组织建设的同时，也加强少先队、先锋队组织建设，成立了"县队部"，下设参谋部、党代表、训练部、总务部等。连罗苏区党员队伍的壮大和党团组织的健全，为"二三"土地革命的蓬勃开展奠定了坚实的组织基础。

连罗苏区反"围剿"

1934年4月，由于福建临时省委（福州中心市委）主要负责人叛变革命，福州各地先后有30多名共产党员被捕，福州党组织遭到严重破坏。很多县委也停止了活动，革命陷入低潮。在与上级党组织失去联系之后，中共连江中心县委深感必须与福安中心县委联合行动，统一领导，攥起一个拳头才能打击敌人的进攻，保卫苏区。1934年6月29日前后，中共连江中心县委和福安中心县委在福安柏柱洋菜花桥畬村召开联席会议，决定成立"中共闽东临时特委"，以加强统一领导和协调。

当中共福建临时省委（福州中心市委）受到破坏和中共闽东临时

特委在福安组建前后，国民党对连罗苏区"进剿"的压力并未减轻。中共临时省委3月22日给连江中心县委的指示信指出："县委必须很清楚地估计到，因为革命影响的扩大与群众斗争的日益高涨，尤其是逼近省会（福州）的连罗苏区的存在，是给帝国主义、国民党一个莫大威胁，是予反动势力进行5次'围剿'一个有力的阻碍，无疑的国民党及豪绅地主反革命派一定要用极大的力量来向我们的苏区进攻，企图根本消灭革命力量。所以目前国民党差不多动员了3个师以上的兵力来包围福安的苏区，海军陆战队以全力来向连罗苏区进攻。"

随着红色政权的建立和革命武装的壮大，国民党军队多次集结重兵，"围剿"红军游击队。1934年2月10日，县保安团及国民党八十七师沈发藻旅出动1000多兵力，在黄岐地主民团配合下，悄然而至，围追在郭婆村活动的红军主力。放火焚烧了乡苏维埃政府驻地黄氏宗祠，以及黄孝林、黄绍库等地下党员和村民的住屋，共48间。在敌强我弱情势下，红军与郭婆村赤卫队转移至大帽山腹地的深山密林中，以神出鬼没的游击战术，伺机周旋，袭扰与打击敌人，展开反"围剿"战斗。4月，国民党政府派陆军八十七师骆德益团和海军陆战队配合，采取"搜剿、堵剿、围剿、清剿"等战术，向连罗苏区发起疯狂进攻，在当地地主民团、大刀会、法坛、王子会等反动武装配合下，先后占领了连罗苏区的广大地区，对苏区人民实行残酷的"三光"政策，迫害人民群众，无数地下工作者被捕，壮烈牺牲。

为了保持红军实力，集中力量打击敌人，红军十三独立团和红军海上游击队因地制宜，巧妙地运用敌人对地形不熟悉的特点与敌人周旋，以游击抗击敌人的进攻。1934年4月，江涛带领交通员江国荣参加红十三团，从郭婆、麻里两路进攻官坂的战斗，与海军陆战队激战数小时。江涛冒着枪林弹雨指挥筱埕、定海等附近村赤卫队运输弹药补给、救治伤病员，在红军和赤卫队的秘密配合下，取得官坂战斗的胜利。红军乘胜向浦口、东岱、晓澳等乡镇进攻，当地驻军纷纷告急，当国民党增援部队赶到时，红军早已转移，把敌人弄得晕头转向、惶惶不安。由于只顾提防红军独立团，国民党海军陆战队也就顾不上搜查老百姓了。在连罗地区敌我双方呈胶着状态。

解放罗源战斗

在第五次反"围剿"失利后，中央红军被迫进行战略大转移前夕，1934年7月5日，中共中央、中华苏维埃政府及中央革命军事委员会（中革军委）决定：由红七军团组成中国工农红军北上抗日先遣队，寻淮洲为军团长，乐少华为军团政委，曾洪易为随军中央代表，粟裕为参谋长，刘英为军团政治部主任。党中央和中革军委给先遣队的任务是："到敌人深远后方，进行广大的游击活动，在敌人最受威胁的地区，建立新的苏维埃根据地，七军团应在中国红军抗日先遣

罗源县白塔乡百丈村——北上抗日先遣队指挥部旧址

北上抗日先遣队降虎寨战斗旧址

北上纪念馆（连江贵安）

队的旗帜之下，经过福建而到浙皖赣边行动。"红军先遣队于1934年7月6日晚从瑞金出发，8月7日，抵达福州与连江交界处北岭、头里洋、笔架山一带，准备进攻福州城。由于对地形不熟悉又缺少福州地下党内应，攻打福州城遭受惨重损失，红军主动撤出战斗，放弃攻打福州计划。此时，丘为官、陈云飞带领闽东十三独立团红一连和江涛带领潘渡附近乡村赤卫队、游击队及时赶到降虎桃源联络、接应，协助中央红军摆脱国民党军队的围追堵截，进入潘渡苏区。8月12日，先遣队主力向罗源挺进，在连罗苏区凤坂、百丈一带休整，指挥部设在百丈村陈仁书大院。

8月13日，先遣队指挥员在罗源百丈村会见了闽东工农红军任铁峰、魏耿、叶如针、杨采衡和连罗县委张瑞财、阮在永、江涛等。先遣队要求连罗工农红军和地方党政组织承担先遣队伤病员安置治疗，安排军需给养，配合红军作战等任务。先遣队则解放罗源城，以打通宁、罗、连等几块根据地之间的联系，同时为地方部队补充部分武器弹药及干部。会见后，闽东第十三团干部立即赶回山面区召开战前紧急动员会议，进行战斗部署。连江县和罗源县苏维埃政府也立即发动苏区军民做好拥军、支前作战等工作。

根据县委部署，江涛主要负责支前、善后等工作，他在官坂、巽屿、山面区、下屿、厦宫等地，组织区、乡、村三级苏维埃政府发动老少行动起来。老人负责绑担架，妇女负责做草鞋、舂米，各家的磨盘、谷桄全部动起来，儿童团放哨、查路条、传递情报、防特防奸等。同时，江涛派遣连罗游击队配合先遣队参谋长粟裕率领的部队挺

罗源白塔乡百丈村

进白塔村，派出侦察员潜入城内，收集情报，隐藏在西门城内马房弄为内应。游击队员把城内兵力部署和罗源城的地形地物及工事设施配置等情报不断送到粟裕指挥部，为战斗提供了重要的军事情报。

13日晚10时许，解放罗源战斗首先从西门打响，连罗游击队、赤卫队作为向导，配合主力部队攻打守军，先遣队和红军的先头部队从西门、南门、东门3个方向突破守军。敌人节节败退，见大势已去，纷纷溃逃、投降。先遣队和红十三团大队人员潮涌进城。熊熊燃烧的火把和红旗把整个罗源城映得通红，胜利的欢呼声响彻夜空。整个战斗历时两个多小时，击毙俘虏敌人1000多人，缴获大批武器和军用物资。《红色中华》以《红军的胜利是党的群众路线的胜利》为标题发表长篇战地报道："在福州附近，红军抗日先遣队以较小的部队，在敌人后方纵横无敌，历次消灭和击溃国民党派出的拦阻部队，占领罗源县城。"

中国工农红军闽东独立师展陈馆（桃花溪）

14日天亮后，红十三独立团、赤卫队进城接管，独立团参谋长杨采衡、赤卫队总队长叶扶齐、团县委书记江涛等率队配合先遣队组成搜索队肃清城内残敌，打扫战场，救助伤员，并打开监狱救出40多名革命者和群众。

次日离别时，寻淮洲、乐少华向等留守红军独立十三团的魏耿、陶仁官、江涛等人道别。先遣队走后，独立十三团与连江中心县委继续处理善后工作，并组织宣传员上街刷标语，散发先遣队带来中央公开发表的《为中国工农红军北上抗日宣言》《中国工农红军北上抗日先遣队告农民书》，宣传党的政策。15日下午，在罗源县城大街中心，杨采衡和叶如针主持召开了群众公审大会。由一个班战士押上伪县长、警备队长等7个罪犯，执行枪决。对这些反革命分子的坚决镇压，狠狠刹下了连罗一带反动势力的嚣张气焰，群众无不拍手称快。罗源县城的解放，不但打通了宁德、连江等几块小游击区之间的联系，而且大大地鼓舞了整个闽东党和人民的斗志，使全区人民认识到闽东的斗争不是孤立的，是和全国的革命结合在一起的，这就大大加强了广大游击战士和人民群众战胜敌人的信心。在攻克罗源后2个多月的时间内，罗源在原来只有70多个乡、村苏维埃政府的基础上，迅速发展到170多个。[③]同时，还建立了小善、石别、河洋（中房）及巽北等区苏维埃政府和县苏维埃政府。整个连罗苏区的革命形势得到很大的发展。

罗源改编

1934年秋，全国革命斗争形势渐趋低潮，而连罗苏区革命形势却迅猛发展，其中闽东地区原先革命基础较差、革命武装力量较弱的罗源、周墩（周宁）等地党政军组织健全发展，苏区的范围不断扩大。

闽东苏区的迅速发展引起国民党当局的警觉和关注，连蒋介石也惊呼"闽东军事发展迅速,日来突飞猛进,为前所未有",为此发出"歼匪电令"。1934年9月,国民党在策划对中央苏区第五次"围剿"的最后战事的同时,开始酝酿"围剿"闽东苏区、扑灭革命烈火的图谋。

对于国民党当局的"围剿"部署,中共闽东特委当时并不知晓,国民党军队接连对连江、罗源、福安苏区的进攻并占领连江官坂苏区后,才引起特委的警觉。

革命形势在不断恶化!处于分散状态下的闽

叶飞主持召开的中共连江县委扩大会议(庄里会议)遗址

东各县红军游击队和地方群众武装，由于缺乏严密的组织建制和必要的训练，不易形成战斗力，难以承担保卫苏区、保卫土地革命成果的任务。因此，特委决定"把连江红军主力转移到闽东，成立闽东独立师，以便集中力量打击敌人，保卫闽东苏区"。1934年9月，中共闽东临时特委委员叶飞奉命来到连罗苏区，在丹阳镇庄里村召开中共连罗县委扩大会议，江涛和连罗县委及红十三团主要领导成员出席会议。叶飞在会上传达特委关于成立闽东红军独立师的决定，具体布置了连罗地区的革命工作，会议经过讨论后作出3项决议：

1. 同意特委关于连江红十三独立团和福安独立二团合编成立"中国工农红军闽东独立师"，红十三团改编为独立师第三团的决定，任命陈学芳为团长。（后因陈学芳团长带领部队随叶飞等同志前往闽东，途经罗源应德地区时突遭国民党保安团伏击，团长陈学芳牺牲，改由冯品泰兼任。队伍由叶飞等率领到宁德支提山华藏寺与福安红二团会师，正式合编成立闽东红军独立师。中国工农红军闽东独立师：师长冯品泰、副师长赖金彪、政委叶飞。）

2. 将中共连罗县委改组为中共连江县委和中共罗源县委。根据特委指示，另成立罗源县临时县委，调叶如针同志即叶凯任县委书记，杨挺英同志为组织部长。连江县委书记为魏耿，连江县苏维埃主席林孝吉，连江共青团县委书记江涛。罗源、连江县委都直属闽东临时特委领导。

3. 红十三独立团二、三营留下加以扩编，分别成立中国工农红军闽东连江独立营和中国工农红军闽东罗源独立营。中国工农红军闽东连江独立营序列，下辖4个连，番号分别冠以"赤""化""中""华"。

连江独立营营长：张锦文

连江独立营政委：陶仁官

连江独立营参谋长：黄作华

中国工农红军闽东罗源独立营，下辖三个连，番号分别冠以

"马""克""思"。

罗源独立营营长：叶德乐

罗源独立营副营长：阮新裕

罗源独立营参谋长：阮应湛

正当罗源县人民盼来土改后的第一个丰收季节时，反动政府调兵遣将，对闽东苏区进行大规模反革命"清剿"，限期一个月消灭罗源等县红军游击队。县苏维埃主席阮在永被杀害，被砍首示众。他们制造"巽屿惨案"，焚烧房子100多间，打死干部、战士、群众120余人，绝代20多户。山头海滩到处是血肉模糊的尸体。此时地主恶霸趁机反攻倒算，罗源县苏维埃组织几乎全部被破坏，苏区陷落，革命干部、共产党员、游击队员、革命群众被杀害多达千人。

连江独立营长期孤悬敌后，缺少正规化军事领导机构，难以实施统一有效的指挥和行动，也没有广阔的游击区和巩固的根据地，各部队只能在狭小的地域里独立作战，无法实施大范围迂回机动作战。独立营成立时间较短，除了独立团二、三营改编而成外，其余都是各区乡赤卫队、肃反队新组建而成，人员少、装备差，缺乏实战和建军经验。部队地处国民党统治势力较强地区，时常受到敌人夹击。但在这样极其残酷的斗争环境中、在敌我力量对比悬殊的情况下，仍与优势装备之敌浴血奋战、灵活周旋，进而逐步成长壮大起来。艰苦卓绝、复杂多变的特殊环境，注定连江罗源红军游击队要经历一个艰难、曲折和复杂的成长历程。尽管前方荆棘载途，闽东大地上燃起的抗敌烈焰却锻造出一支西南团劲旅，成就了这支部队在重兵围堵之中，不断扩充壮大，抗战火种不熄的不朽传奇。

1934年的金秋十月，连罗苏区丰收在望，为了保卫胜利果实，中共连江县委在控制的苏区地域（4个区174个乡苏维埃），组织苏区民众快割、快收、抢运。在罗源、连江独立营的配合下，主动出击，打击反动民团和地方保安队，保护苏区秋收，并在罗源霍口、中房地区

杨采衡

开辟十几个村的苏区，攻克年初被占领的连江要镇透堡。福建国民党当局惊呼："敌我战事重心在连罗间。"1934年11月，连江红军独立营和海上游击队合并在厦宫扩编成立闽东红军西南团，下辖"马""克""思""列""宁"5个连，全力投入反"清剿"斗争。④

闽东红军独立师西南团团长：杨采衡

政　　委：陶仁官；参谋长：林茂淦

马连连长：张家衡；指导员：江　涛

克连连长：张家武；指导员：江国荣

思连连长：何明才；指导员：何如金

列连连长：魏向春；指导员：陈桂淳

宁连连长：陈云飞；指导员：魏向荣⑤

经过改编，部队虽然只剩700余人，但兵精将锐，作风严谨，战斗力强。面对敌人重兵"清剿"，红西南团毫无畏缩地投入反"清剿"战斗。红西南团趁敌人立足未稳之际，依靠群众，

连江下宫鼎屿红军洞

红军总医院——下宫慧明堂

神出鬼没地打击敌人。11月中旬，江涛率领一个连兵力与兄弟连密切配合，在长龙山头镇下洋村，与敌八十七师一个营激战，打死打伤敌人10多人。在敌人援军赶到之前，江涛带领部队在夜幕掩护下向深山老林撤退。12月14日，红西南团分四路围攻官坂，江涛一面带领部队参加战斗，一面组织共青团发动群众抬担架、送弹药、送补给，支援战斗，后因敌援兵赶到，为了保存实力，江涛奉命带领部队撤出战场，转移到上下宫一带。不久，红西南团在罗源小获村攻打罗源县保安连，击溃保安连后乘胜挺进霍口山区，收编了占据霍口的张守本土匪五六十人枪。红西南团在连罗地区的军事胜利，稳住了军心，鼓舞了士气，革命的火种在连江重新点燃，汇成燎原之势。

①中共连江县委党史研究室：《连江革命史》，2011年12月，138页。
②中共罗源县委党史研究室：《罗源革命史》，2012年3月，111页。
③中共罗源县委党史研究室：《罗源革命史》，2012年3月，85页。
④中共罗源县委党史研究室：《罗源革命史》，2012年3月，107页。
⑤中共连江县委党史研究室：《连江革命史》，2011年12月，229页。

第五章　革命低潮　信仰坚定

下屿突围

1935年1月，"赣闽第十二绥靖区"司令官王敬玖率87师主力以连江为中心进行"清剿"。1月5日，国民党主力部队在连江、罗源、闽侯、宁德等地"围剿"，扼守各区、乡要隘，封锁截击，不分昼夜和界域地搜，并逐渐缩小范围，切断了红西南团给养及与中共闽东特委的联系。在这危急关头，1月31日，中共连江县委在下屿郑氏宗祠召开县委紧急扩大会议，分析研究如何应对敌人进攻等问题。由于连罗党组织从未经历过这种大规模的国民党正规军进攻，缺少反"围剿"经验，会议开了一天一夜，最后经过激烈讨论形成统一意见：红西南团向罗源山区转移。但就在红西南团准备转移时，部队突遭国民党重兵包围，部队与敌人激战后分两路突出重围。此后，红西南团队伍分成两部分活动，一部由杨采衡、陈云飞率领转移到连罗沿海地区，先后在可门、粗芦、江湾、本洛、祉洛等岛屿活动；江涛随政委陶仁官转战在连罗山区。

1935年2月，陶仁官、江涛率领的部队在山面区长龙洪塘村遭到国民党保安队截击，部队突围后连夜撤往飞竹一带。由于飞竹周围苏区

连罗苏区"下屿会议"旧址——郑氏宗祠

多已被敌人占据，陶仁官和江涛等几位领导商量后决定，再向罗古边界发展，争取与独立师取得联系。可是国民党部队像一条尾巴一样，一路"堵剿"，陶仁官、江涛率领部队抵达东山仔少数民族村宿营。第二天黎明时分，部队遭到闽侯、连江、罗源三县保安队围堵，激战数小时后，牺牲了100多名战士。红军陷入敌人重重包围，对外联系和补给都被断绝，处境十分危急。

尽管面临绝境，陶仁官和江涛仍然沉着指挥红军战士在大山密林中与敌人捉迷藏，昼伏夜行，红军奇迹般地跳出敌人的包围圈。不幸的是，由于夜雾弥漫迷失了方向，原计划撤离到古田山区，却鬼使神差地又回到了连江的飞石、山岗。敌人像蝗虫似的又围了上来。眼见集体突围不成了，陶仁官和江涛只得含泪命令红军战士把100多支枪支埋进墓穴，而后分散隐蔽突围。突围中陶仁官负伤，由红军战士护送在洪塘村山洞内养伤，江涛、江国荣突围后辗转回到琅岐。

闽中游击革命

江涛、江国荣历尽艰险回到家乡琅岐岛后，何如金、林春俤、吴意、张心仕、林振团、陈伙妹、陈荫明、陈依露等红军战士几经周折先后来到琅岐岛寻找党组织和江涛。江涛、江国荣把游击队员安置在江国荣家的草屋和二汶洲的草屋里居住。①

"这是历史上连罗红军战士和琅岐红军游击队在琅岐的第一次会师，经历过连罗苏区斗争洗礼的红军战士的加入，充实和加强了琅岐党的领导和武装力量。"晚年江国荣回忆，1935年连罗革命同志及红军战士怀着对革命无比坚定的信念来到琅岐寻找组织和江涛时如是说道。

安顿好连罗红军战士之后，江涛组织几个主要骨干在上岐必达里秘密开会，分析讨论革命形势和策略。会议作出两项决定：

1.在连罗苏区沦陷、革命处于低潮时期，党在琅岐的革命活动一定要做好保密工作。现在是革命低潮，但相信革命的高潮很快就会到来，因此，要争取贫苦农民的支持，帮助他们成立农民协会，同时，秘密发展党员，积蓄革命力量。

2.琅岐岛靠近连罗苏区，岛内敌我力量悬殊较大，难以立足，为了保存革命火种和力量，派遣江国荣同志寻找党组织。

1935年9月间，江国荣在福清琯口一带找到了闽中游击队和闽中特委书记王于洁。此时，江国荣得知：下屿突围后，杨采衡、陈云飞带领一部分红西南团队伍在沿海地区活动，1935年2月下旬部队转移到西洋岛隐蔽下来。3月14日，国民党为了追踪红西南团去向，派出两架侦察机在西洋岛、浮鹰岛上空盘旋侦察。当夜，敌人出动三艘军舰，国民党八十七师五一七团在海军陆战队、民团的配合下，对西洋岛、浮鹰岛进行大"围剿"。驻在岛上的闽东海上独立营奋起抵抗，100多名战士在突围中牺牲。红西南团红军在闽东海上独立营保护下，隐蔽在海岛岩洞中幸免于难。西洋岛失守后，红西南团通过长乐厚福水上交通站转移到闽中的福清县继续坚持斗争。

江国荣向闽中特委汇报了琅岐党组织和武装斗争情况，闽中特委开会研究决定：江国荣火速赶回琅岐，带领江涛同志和连罗红军战士到闽中特委机关，琅岐游击队则继续留在琅岐进行革命活动。江涛接到命令后立即带领连罗

王于洁

红军战士转移到闽中地区。

　　1935年5月，为了统一领导闽中地区革命斗争，莆田、福清两个中心县委召开联席会议，决定成立中共闽中特委，建立以常太为中心的莆（田）、仙（游）、永（泰）边和以罗汉为中心的福（清）、莆（田）、永（泰）边两块游击根据地，并将福清、莆田两支游击队分别整编为中国工农红军闽中第一支队和第二支队，在特委领导下开展游击斗争。

　　在闽中特委的领导下，闽中游击队扫除匪患、拔除联保处、袭击田赋处，清除根据地及周边的反动势力，得到广大群众的积极拥护。江涛在罗汉根据地负责地方工作，他带领交通员江国荣和红军战士深入罗汉根据地周边远近几十里的一都、东山、龟山、大化、下铺、北郭、垱下、波兰和福清琯口、闽侯西台、时洋等广大游击区，建立党团组织、贫农团。经过艰苦细致工作，江涛动员了100名青壮年投奔罗汉里，参加红军游击，扩大了革命队伍和罗汉根据地影响力。

　　罗汉里根据地红军游击队发动袭击大义乡（今属闽侯青口乡大义村）、攻打闽侯沪屿镇紫来庵、福清和闽侯交界何庄桥伏击战等战

福清罗汉里革命根据地

罗汉里闽中游击支队旧址

斗，镇压了罪大恶极的土豪劣绅和反动势力，给国民党福建当局以沉重打击。1936年2月26日，国民党福建省主席陈仪紧急调遣省宪兵、保安团和永泰、福清、莆田、闽侯四县保安队等共3000多人的兵力，分别进驻福清的琯口、上店、磨石、东张，闽侯的尚干、坊口、大义、西塘、溪口，永泰的葛岭、大樟、塘前等地，对罗汉里实行军事"围剿"，同时还派出飞机侦察、铁甲车巡逻，妄图一举消灭游击队。②罗汉里红军游击队得知敌人开始"围剿"行动后，闽中特委领导召集江涛等游击骨干部署反"围剿"斗争：

1. 凡是重要文件、贵重物资立即转移到安全地点；

2. 俘获的国民党官员由魏耿率少数后勤队伍负责看押，并由熟悉地形的何兰英带路在罗汉周围山林流动隐蔽；

3. 立即派出游击队分头各基点村，发动群众分散隐蔽；

4. 化整为零，把游击队分成3个分队，与敌周旋于深山密林之中。

2月27日，敌人开始搜山，强迫群众带路，砍树烧山。二三月正是倒春寒季节，寒风刺骨。恶劣的气候和缺吃少穿给战士带来难以想象的困难，经历过连罗苏区"围剿"的江涛，面对敌人的"围剿"沉着冷静，冲锋在前，在他的影响下，游击队员团结一心，和敌人在深山老林中周旋，躲过了一次一次的搜捕。敌人3000多人马，在罗汉里"清剿"了一个多月，没有找到游击队去向，气急败坏，对罗汉角楼、肖厝、半岭、大坑、垱下等革命基点村进行惨无人道的洗劫，烧毁拆除民房147间，抓捕无辜群众200多人，残酷杀害12人。

隐蔽琅岐　寻找组织

1936年4月，魏耿叛变投敌后，闽中特委及时采取应急措施，立即改组了连江县委，由闽中特委委员陈炳奎兼任连江县委书记，委员有江涛、何如金、吴意、陈云飞等。③同时，转移隐蔽游击队伍，保存了革命力量。魏耿叛变投敌也给闽中特委和闽中游击队造成严重损失，特委领导分散隐蔽，闽中游击队被打散。江涛和江国荣又辗转回到家乡琅岐。④被打散的红军战士得知江涛回到琅岐后，林春弟、何如金、吴意、补振团、张心仕、陈伙妹等人由各地聚集到琅岐岛找到江涛，这是历史上连罗红军战士和琅岐红军游击队第二次在琅岐会师！他把这些红军战士安排在江国荣家的草屋和二汶洲的草屋住下来，安顿好之后，派出骨干领导分赴福州、宁德、连江、桂湖等地"恢复老区、开辟新区"及联系党组织。

衙前

在琅岐，江涛组织这些离散来岛的红军战士在衙前、上岐等开展活动，先后发展游击队员陈春海、江银银等十多人，发展江存官、陈双双两人入党。同时组织琅岐游击队和红军战士进行军事训练。

在桂湖，张荫明、陈伙妹执行江涛命令，在桂湖、山坑、横坑、北岭、寿山等一带山区活动，联系群众建立贫民会，恢复党组织并寻找失散的红军战士，并组建了桂湖游击队。1936年6月间，闽东特委独立师第三纵队在古田、罗源、闽侯边区一带活动，张荫明带领桂湖游击队配合第三纵队在大小北岭一带游击战斗，逐渐恢复了革命老区，为开辟广泛游击战争打下良好基础。

在连江，张心仕、吴意按、何如金、林春弟照江涛的指示，到连江、闽侯、罗源、宁德一带活动，寻找闽东特委和闽东独立师。

在福州，江涛带领江国荣秘密来到福州视察。这一时期，中共福州地方组织在国民党政权的白色恐怖下，经历了艰难曲折的斗争历程，党组织遭到国民党当局严重破坏，革命陷入低潮。江涛不顾危险来到福州，先后找到人力车工人魏依珠，锯木工人陈依枝、陈隆水，轮船工人江金玉，码头工人江银银等，听取了他们的革命斗争情况汇报，分析了当前的革命形势，部署今后工作任务。

在江涛指导和鼓舞下，福州及周边地区革命同志在白色恐怖笼罩下坚持继续斗争，秘密开展革命工作，部分被破坏的党团组织逐渐恢复起来，为在新的历史条件下，投入全民族抗战，赢得抗战胜利，创造了有利条件。

1936年五六月间，江涛派何如金、林春弟秘密来到福安寻找叶飞同志，在福安地下交通站见到徐春海。[5]何如金、林春弟等不及喝水就急切地问道："春海同志，你知道叶飞部队在哪里活动吗？"

"前几天，叶飞同志在宁德山区，我就是从那里回到福安工作才几天。"徐春海回答说。

"叶飞同志和闽东独立师第三纵队在古田四区、罗源三区、闽侯六区交界一带活动，你们由福州进去就能找到红军游击队了！"

"太好了！我们马上出发去罗源闽侯边界找。"何如金、林春弟分别化装成买牛商人和伙计，沿途顺利通过国民党军队、保安队各种盘查，历经艰险终于在闽侯和罗源交界大山里找到游击队，并由游击队员安排护送到宁德找到闽东特委书记叶飞。何如金、林春弟向闽东特委和叶飞书记汇报了江涛在福州地区活动以及江涛派遣他们寻找党组织等情况。之后，闽东特委研究决定：何如金任闽东独立师第三纵队第八分队队长，派遣林春弟迅速返回琅岐带领江涛和江国荣到闽东特委机关报到。

1936年5月，林春弟回到琅岐向江涛汇报了闽东特委的指示，第二天晚上，江涛召集中共琅岐特别支部全体党员开会。江涛向支部党员说："支部书记江存灿（江国荣原名）同志现在即将离开琅岐，和我一起到闽东特委机关分配工作，从现在起琅岐特别支部书记由江存法同志担任。"接着，江涛对琅岐今后革命工作作了全面、具体的部署。一切安排妥当之后，出发前江涛专门找了个时间去吴庄看望母亲、继父和弟妹。江涛告诉他们自己要去闽东一趟，让家里人别为自己担心，照顾好自己，等在闽东安顿好了有空就回来看他们，可是谁也没想到这一别竟是诀别！

1936年夏，江涛和江国荣在林春弟的护送下顺利到达闽东特委机关，见到了闽东特委书记叶飞。1934年连江苏区分别之后，叶飞和江涛都经历了生死考验，两个年龄相仿的年轻领导人都非常珍惜在一起战斗的时间，彻夜长谈，各自把这两年多以来的革命经历倾诉出来。

"接下来你有什么想法没有？"叶飞问道。

"一切服从特委安排！"江涛坚定地回答。

由于江涛熟悉罗源、古田、闽侯3个县的基本情况又擅长做地方工作，中共闽东特委任命江涛担任中共罗古闽中心县委书记，兼任游击第四纵队政委，主要任务是恢复建立党组织，扩大游击武装队伍。

闽、古、罗山区革命

1936年夏，江涛肩负着恢复老区和开辟新区的重任来到了闽、古、罗边区。闽、古、罗边界地区，山高林密，历来是兵灾、匪祸出没之地。民国时期，由于政治腐败，社会动乱，相继出现了几股民团顽匪，其中尤以飞竹民团和刀会势力最为强大。这些武装亦兵亦匪，相互勾结，各自称雄，闽东人民群众深受其害。同时，国民党大举"清剿"，闽东革命陷入低潮，地方党组织大部分被破坏。因此，迅速恢复发展党的组织，扩大红军武装，开展游击武装斗争，是当时的工作中心。

罗源霍口、中房、飞竹一带都是连罗苏区根据地，有良好的革命基础。但是由于国民党反动派的"围剿"镇压，不少革命同志被杀，有的同志被打散等，使党的组织和革命武装遭到很大的破坏。恢复老区工作急需革命干部，为此，江涛派遣林春弟回来带领琅岐闽东红军游击队战士到罗、古、闽边区接受任务。当时，由于国民党和民团武装封锁，为了保护游击战士安全，每一位游击战士都化装成自己所熟悉的行头。林春弟背上裁缝包打扮成裁缝手艺人，江银银化装成买鸡鸭的商人，江达霖和林振团头戴竹笠、手拿竹片打扮成买水牛的农民等。他们准备了两天的干粮分开赶路，前后保持几百米的距离，顺利通过连江的几个检查点，眼看就要到达闽、古、罗边区时，在连江与罗源交界处山岭上，再次遭到国民党保安队站岗查验。敌人盘问林振团时，感觉到可疑。林振团当场被国民党保安队扣留，不久被杀害，壮烈牺牲。林春弟和游击战士历经险阻终于到达闽、古、罗边区，加入革命队伍。

江涛带领江国荣、林春弟、江达霖等游击战士，走山闯沟，深入当年边远的基点村、深山密林中寻找失散同志，开展动员宣传，使得当年参加罗源"二三"革命的同志在困难中看到了希望，又激起了革命的热情。通过他们的艰苦努力，当年苏区的许多党组织又先后恢复起来了，在闽、古、罗边区的松洋、柏山、显柄和船头、马下、香岭、王延洋、山垅湾、西峰等地恢复建立13个党支部。

同年8月间，江涛受委派到大甲，加强对大东区委的领导，指导对民团的策反工作。大甲，因境内有大片竹林，方言中"竹"谐音"甲"，故得名，位于古田县东部，东、北与宁德市蕉城区的洋中镇接壤，南接罗源县中房镇，西邻古田杉洋镇，属于三县交界区，国民党势力比较弱。

江涛派交通员余国库到宁德洋中做团头余承桂的策反工作，成功说服余承桂把民团的枪支缴给红军，解散了民团。在争取民团、大

古田大东区委旧址

刀会的同时，党组织和红军还注意做地方保长、商人的统战工作。陈挺率领闽东独立师二纵队在程际一带活动时，争取了程际保长余善道和林峰联保主任林向可，并通过余善道与商人邹时云的关系，争取邹为红军采购医药等军需品，打破国民党对游击区的封锁。这些"白皮红心"的保长、商人用公开的身份为红军购买枪支弹药、医药用品，透露国民党"剿匪"部署，为红军输送第一手情报，掩护红军干部战士，做了许多地下交通员所不能做的工作，起了地下交通员所不能起的作用。"白皮红心"政策的实施，有力分化了游击区内国民党的联防保甲制度，联保制度反而为红军和区委所利用。

1936年秋，江涛又派余国库到毗源，做民团团长的工作。毗源民团团长曾因"围剿"古、罗交界地方十几个乡苏维埃政府有功，被古田县县长任命为古宁罗三县"剿共"联防委员会会长。民团团长自恃有团兵百余人而顽固不化与红军为敌。为巩固和发展古田大东游击区，江涛决定歼灭毗源国民党民团。1936年9月，江涛派出侦察员到毗源村了解敌人的活动规律。9月间的一天，江涛率领游击队配合闽东独立师二、三纵队红军分两路进攻，一路攻打毗源村山寨。战斗打响不久，红军佯装失败，退向白泉岗、罗源方向，团兵不知是计，倾巢出动追击；另一路队伍则隐蔽敌巢附近山头，乘虚神速插入敌人山寨，挖去山口的土火炮，焚毁炮楼。山寨民团中了调虎离山计，腹背挨打，伤亡惨重，被消灭六七十人。红军缴获民团的全部武器，顺利地消灭了西洋和毗源两股较大的民团势力。

大东红色游击区建立后，江涛带领区委党员到各村发动农民参军，壮大队伍。一区区委陈步田、陈久进等经常到宝桥、璋地、国本、林洋等地动员青年参加红军，当时仅林洋一村就有15人参加了红军。随着红军队伍的壮大，游击活动区也不断扩展，古罗宁三县边境，成了红军游击队的活动区，江涛带领游击队配合独立师在边境地区相继打击了古田邹洋民团、罗源香岭民团、宁德七都民团，打开了

古田毗源溪苏维埃旧址

游击根据地的局面。

　　在江涛领导下，大东党组织有力地配合闽东红军独立师在大东地区开展活动，发展地方党组织，壮大了红军队伍，建立贫农团、交通站，有力地打击了反动地主民团的势力，使得大东地区成为闽东三年游击战争的重要依托地。

　　1937年7月，根据中共闽东特委指示，成立中共闽（侯）、古（田）、罗（源）中心县委，江涛任特委委员兼任书记，江国荣任组织委员，吴意任宣传委员，何如金等为委员，下设闽侯六区、古田四区、罗源三区等3个区委和13个党支部，江国荣任罗源三区区委书记。当时中心县委的主要活动地区有：罗源的霍口、中房、飞竹，古田的大甲、善德院及罗源、宁德交界一带地区。中心县委常驻地有罗源霍口船头村、古田大甲的山里村等。⑥

　　在开展群众工作、恢复党的组织的同时，江涛与闽东独立师黄培松部队（即沈冠国、缪英及后来所称的戴炳辉部队）紧密配合，发展游击武装队伍，先后在霍口一带组建了罗源游击第九支队，中房、松洋、白泉岗一带组建罗源游击第七支队，以及岭头等地方游击队。仅霍口、中房、飞竹等地区参加红军的就有100多人，后来闽东独立师沈冠国从第七、第九支队中挑选了一批青年补充到第三纵队，其中许多人后来被编入新四军六团北上抗日。

国民党在军事上对闽东苏区进行"围剿"的同时，在经济上对苏区进行封锁，企图困死饿死闽东苏区游击战士；在政治上则采取编保甲搞自新等手段，瓦解游击队伍。闽东特委面对敌人的进攻，适应新的斗争形势，实行战略大转变，把闽东苏区变成游击区，开展游击斗争。与此同时，许多政策也作了相应的调整，实行"白皮红心"政策，以对付国民党反动派的保甲制度。

江涛灵活运用"白皮红心"政策，一方

古田大甲村

面派一批身份没有暴露的可靠的共产党员去当伪保甲长、联保主任，公开应付敌人，暗地进行革命活动；一方面对敌方伪保长、联保主任进行分别对象，晓以利害，争取好的，团结中间的，打击坏的。霍口船头村党支部书记周在伙，他以经营小店为业，身份没有暴露，当了伪保长后，经营的小店成为地下秘密交通站，便于应付敌人及获得敌人的情报。有一次，江国荣在周在伙家不慎被国民党特务分子李立毅等人看到，李立毅一口咬定江国荣是共产党。在这危急关头，周在伙立即出来担保说，江国荣是他的闽侯表弟，因为年终讨账人手不够，

船头村中共古（田）罗（源）侯（闽侯）边区委遗址

罗源船头村

把他叫来帮忙。由于周在伙是保长，与李立毅熟悉，常有往来，而且
周在伙时常招待李立毅。看着周在伙拍胸脯保证，国民党特务信以为
真，最后江国荣才得以脱险。

　　与此同时，江涛率领闽东独立师第四纵队与二、三纵队密切配
合，坚决地打击那些坚持反动立场的地主武装。古田毗源民团曾于
1934年底配合伪保安队镇压罗古交界一带的18个乡村苏维埃政权，还
准备"围剿"红军部队。尽管如此，为了缩小打击面，江涛还是派了
地下工作者前往毗源做团头的思想工作，希望他弃暗投明。可是，团
头非但不接受，反而杀害地下工作者。于是，江涛与纵队领导决定消
灭毗源民团，第四纵队以调虎离山之计，彻底摧毁了这个反动民团。
随后，江涛与二、三纵队协同一致，放手发动群众，集中优势兵力，
不断出击，又陆续消灭了这附近的反动地主民团，从而开辟了白泉
岗、毗源一带新的游击根据地。

　　在最艰苦的游击战争时期，江涛认真地执行闽东特委《关于把
苏区变为游击区和开辟新的游击区》的指示，主动组织地方武装配合
闽东独立师陈挺、沈冠国、黄培松等领导的二、三纵队，在闽、古、
罗边界一带活动，频繁出击，以牵制和粉碎敌人对我苏区的多次"围
剿"。从1936年底至1937年，他们组织七、九支队先后几次配合黄培
松率领的队伍在闽侯、罗源边界的佳湖、东园亭、横坑、廷坪等地与
参加"围剿"闽东苏区的省保安队进行多次战斗，有力牵制和粉碎敌
人对苏区的进攻。江涛根据当时的形势和敌情，把部队分成几十人不
等的许多小的作战单位，经常到敌军驻地去骚扰敌人。同时做群众工
作，待敌人疲惫并被迫分散后，独立师就迅速集中兵力歼灭敌人。从
此，闽东各块根据地的武装，都开始积极活动，灵活地打击敌人，取
得了不少胜利。

　　1937年夏，当中心县委得知杀害罗源县苏维埃主席阮在永后投敌
的叛徒阮应湛到洋头活动的消息后，中心县委书记江涛便及时组织游

击队配合黄培松带领的三纵队，攻下洋头，当场抓捕了叛徒（县保安队连长）阮应湛，召开审判大会并根据群众要求把叛徒杀掉"祭旗"，为原县苏维埃主席阮在永和临时县委书记连罗第十三独立团政委杨挺英等烈士报了仇，大大鼓舞了苏区人民的斗志，杀下了敌人的嚣张气焰。

江涛在恢复闽、古、罗边区党的组织，组建游击武装的同时，仍然不忘当年他生活和战斗过的连罗沿海地区。1937年初，江涛派张心仕、林广等同志到连江恢复党的组织，开展地下斗争。6月，建立了"马透中心党小组"，恢复坑元、官坂、丹阳、长龙、巽北等5个党小组，党员58人。1937年底，江涛准备北上抗日，便介绍张心仕等与当时在福州新四军办事处工作的王助、江国荣同志接上党的关系，使连罗沿海一带的地下党继续在上级党的领导下坚持斗争。

游击战争中，江涛带领游击队与敌人进行频繁的战斗，生活十分艰苦，常常白天隐蔽在深山密林和

霍口乡徐坪村

偏僻小山村里，夜间长途行军袭击敌人。他们住的是草棚、山洞，穿的多是群众便衣和破旧军服，常年光着脚板行军。战士们自编了一首顺口溜："深山为家，地为床；露宿风餐，瓜菜代；药少衣单，穿草鞋；游来击去，为保家。"[⑦]

江涛率领的游击队纪律严明，秋毫无犯，一有空就帮助群众耕作，解决困难，和广大的贫苦农民建立起鱼水感情。群众也把游击战士当作自己亲人，常常冒着生命危险暗中保护革命领导人和红军游击队。

闽东特委书记叶飞等在罗源溪里蓝茂兴、文周坑蓝朝居的家中隐蔽。村里群众非常注意保护叶飞安全，村里男女老少轮流站岗放哨，送信联络，在周围都是敌人的情况下，没有走漏一点风声。一次叶飞等路过船头村，被敌人发现追赶，叶飞等人的转移去路被大溪阻断。这时一位在溪里撑竹排的老乡毫不犹豫地把他们拉上竹排，混在人群中，迅速撑起竹排，护送叶飞安全到达对岸，摆脱追敌平安脱险。

1937年江涛在霍口乡腰坪村开展地下革命时也曾遇险。霍口畲族乡历史悠久，位于罗源县西南部，东连飞竹，西邻闽侯，南接连江、闽侯，北靠古田，处于"四县一区"结合部，境内崇山峻岭、绵延起伏，民国时期隶属罗源县四区。江涛等在腰坪村活动时，敌人探子发现村里突然来一些陌生人，于是立即报告民团。民团头子立即带领民团赶了过来，把江涛等人团团围住盘问。在这万分紧急时刻，腰坪村一位妇女挺身而出。[⑧]

"这是我家的丈夫，外出刚回家。"妇女说。

"我看他不像本地人，你在撒谎！"民团头子恶狠狠地吼叫。

"他是从福州入赘到村子里的。"妇女用肯定的语气回答。

这时周围群众也为妇女担保证明，大家都吵着说："你们不能乱扣人！"

僵持了一段时间后，民团头子也盘问不出什么破绽，于是很不情愿地走了，江涛这才瞒过了敌人脱险。

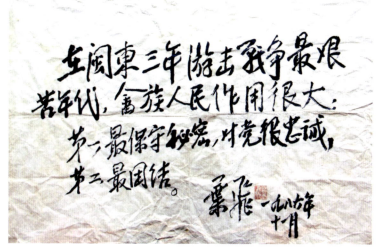

叶飞题字

　　江涛和中心县委的同志们一道，依靠游击区群众，很快地打开了工作的新局面，恢复了闽、古、罗边区一带党组织，开辟了新区，组建了罗源游击队第七、第九支队等游击武装，沉重地打击国民党反动派、地主民团。闽、罗、古边区成了当时闽东独立师的主要游击战场之一，成为闽东游击根据地的重要组成部分。

　　在国民党疯狂进攻和血腥镇压的艰难岁月里，闽、罗、古边区贫苦农民尤其是畲族人民为革命付出巨大牺牲，作出重要贡献。在国民党军队和地主还乡团屠刀面前，畲族人民不怕威胁利诱，保守革命秘密，保护党和红军游击队，有的还献出自己宝贵的生命。正如叶飞同志所说："在闽东三年游击战争最艰苦的年代，畲族人民的作用是很大的。他们具有两大特点：第一，最保守秘密，对党很忠实；第二，最团结。在最困难的1935年至1937年对革命斗争支援最大。我们在山上依靠畲族人民掩护才能坚持。"⑨畲族人民为苏区的创建和土地革命斗争所作的牺牲和贡献也将永载史册！

①江国荣：《回忆江涛烈士》，1986年1月15日，4页。

②中共闽侯县委党史研究室：《闽侯人民革命史》，2014年5月，81页。

③中共连江县委党史研究室：《连江革命史》，2011年12月，237页。

④中共闽侯县委党史研究室：《闽侯人民革命史》，2014年5月，86页。

⑤中共罗源县委党史研究室：《罗源革命史》，2012年3月，124页。

⑥中共罗源县委党史研究室：《罗源革命史》，2012年3月，125页。

⑦中共罗源县委党史研究室：《罗源革命史》，2012年3月，126页。

⑧中共罗源县委党史研究室：《罗源革命史》，2012年3月，127页。

⑨林强、鲁冰主编：《叶飞传（1914—1999）》上册，2007年8月，61页。

第六章 敌后抗战 屡立奇功

坚守敌后抗战

　　1937年7月7日，震惊中外的"七七事变"（即卢沟桥事变）爆发，日本的侵略给中华民族带来了空前的亡国危机，抗战御侮、救亡图存成为中国各政党、各阶层最紧急的共同任务。7月8日，中国共产党即通电全国，明确指出，"日本帝国主义武力侵占平津与华北的危险，已经放在每一个中国人的面前……只有全民族实行抗战，才是我们的出路"，号召"全中国同胞，政府与军队团结起来，筑成民族统一战线的坚固长城，抵抗日寇的侵掠"；同日，中国工农红军将领联名致电蒋介石请缨杀敌；7月9日，发出《人民抗日红军要求改编为国民革命军并请授命为抗日前驱的通电》，表达了"红军愿即改名为国民革命军，并请授命为抗日前驱，与日寇决一死战"的严正立场和抗战决心。国民政府对日本扩大侵华战争表现出应战与求和的两面性，在全国抗日高潮的推动下，中国共产党为实现国共两党合作抗日作出了积极的努力。9月中旬，国共两党在南京举行最后一次会谈，经过激烈争论，就中共中央的国共合作宣言问题达成一致意见。9月22日，国民党通过中央通讯社发表了《中共中央为公布国共合作宣言》，实际上承认了中国共产党在全国的合法地位。至此，国共两党第二次合作正式建立，以国共合作为基础的抗日民族统一战线正式形成。

　　此时闽东特委与上级组织失去联系，终年在深山密林中游击作战，既没有电台又很难看到报纸，因此对外界瞬息万变的局势几乎不了解。8月初，外面传来"七七事变"的消息，全国抗战爆发。同时听说国共要合作，红军要改编成国民革命军。这些风声给叶飞和红军游击队极大的震动。对于抗战他们一直是积极提倡，要把红军改编成国民革命军，一些干部、战士想不通，气愤地说："我们与蒋介石打了十年仗，牺牲了多少阶级兄弟，过去我们天天叫打倒蒋介石，现在却

《福建民报》

要把我们改编为蒋介石的白军，这怎么可能呢？"

到底是怎么回事？叶飞急需了解最新的信息。

为了及时掌握中共中央的最新方针政策，了解前方抗战局势进展情况，8月上旬，叶飞决定率部攻打宁德八都镇。八都靠近海口，交通便捷，市井繁荣，镇上还有邮局，因此信息灵。镇上敌人力量薄弱，只驻扎着100多人的地主民团。叶飞率领闽东独立师第二纵队200多人攻打，很快就攻下八都。特委机关干部连忙从邮局、镇公所、学校等多处收缴了上海、南京、福州等地出版的《申报》《大公报》《福建民报》等各种报刊。[①]

叶飞如获至宝，如饥似渴地翻阅着这些报刊，他看到上海出版的《申报》整版地刊登抗战战况：上海起战事，南京在苦战，张家口告急……有两篇文章赫然触目：一篇是《中国共产党为日军进攻卢沟桥通电》，另一篇是《第八路军总司令朱德、副总司令彭德怀就职通电》。叶飞豁然开朗：原来国共合作已经实现，中央红军已改编为国民革命军第八路军。从这些信息中，闽东特委对党中央的大政方针有了进一步了解和领会。叶飞通知特委委员立即赶到八都开会。接到通知后，江涛也从闽古罗边区山里马不停蹄地赶到八都。江涛和闽东特委领导一起阅读这两篇文章，讨论研究对策。他们意识到：中央红军改编为八路军，这说明党中央的方针已经由"反蒋抗日"改变为"联蒋抗日"，我们也应该要相应改变。特委会议作出决定：正式向国民党当局提出"停止内战，一致抗日"的要求。特委为此起草了一封信，油印几十份，分别寄给国民党福建省政府及闽东各县政府。

然而在南方游击区，国民党福建当局继续奉行"北联南剿"政策，继续派兵"进剿"闽东红军游击队。因"八一三"淞沪会战后战事吃紧，国民党当局把驻扎在福建的七十八、八十七、八十等3个正规师调赴上海地区，福建国民党的军事力量一下子减少了，当局只好改变态度出面谈判。

经过多轮艰苦谈判，闽东特委终于和国民党当局达成协议：一、闽东红军改编为国民革命军福建抗日第二游击队；二、国民革命军抗日游击支队由共产党领导；三、划屏南县为闽东红军驻区，百里内国民党不得驻兵；四、以中共闽东特委的名义发表"国共合作共赴国难宣言"，并公诸报纸。

1937年12月31日，福建省国民党的官方报纸《福建民报》全文发表了《中国共产党闽东特委共赴国难宣言》，《宣言》明确提出了当前的斗争目标：一、发动全国民众，实现真正的全民族抗战，武装民众，开展广泛的抗日游击战争，坚持抗战到底：二、实现民主政治，争取人民抗日救国的一切言论、出版、集会、结社之自由，释放一切爱国救国的政治犯；三、改善人民生活，解除人民痛苦。至此，闽东国共和谈宣告成功，闽东三年游击战争结束。[②]

1937年12月间，新四军南昌办事处参谋顾玉良受派遣来到闽东，并到了叶飞部队驻地。顾玉良告诉叶飞：中共长江局（武汉八路军办事处）要他来了解情况，把南方游击队改编为新四军，军部已在江西南昌成立，叶挺任军长，项英任副军长。军部要叶飞到南昌领受任务。叶飞听了非常高兴，闽东党组织与上级党组织失去联系长达4年之久，现在终于与上级接上关系，并且能够当面见到上级领导，领受新的战斗任务，这是叶飞4年来梦寐以求的啊！

1938年1月，叶飞由闽东下山途经福州时，赞成合作抗日的国民党福建省主席陈仪闻讯，一定要见见这位威震八闽的闽东红军最高长官"叶司令"，特意备酒宴招待他。当叶飞应邀赴宴时，陈仪望着面前的俊朗青年——20岁出头的年纪，理着军旅中少见的分头，举止得体，颇有涵养……凝视片刻，惊讶地问："你就是叶飞？"

叶飞只是淡定地点了点头。

陈仪情不自禁地说："你是个书生嘛！"

1938年1月，新四军政治部组织部长李子芳代表军部，宣布闽东红军游击队改编为新编第四军第三支队第六团，团长叶飞，副团长阮英平，下辖3个营。25日，六团奉命全部转移到屏南集结待命。

1938年1月下旬，由于江涛及其队伍没有到宁德石堂③集中，副团长阮英平派遣当时在石堂政治连学习的政屏县委第二分区区委书记（一说为屏南中心区委）张步云寻找江涛及其队伍，传达闽东特委通知江涛立即带领部队向屏南棠口集结待命北上的命令。④张步云先到罗源山区，经连江再到闽侯与罗源边界的大山里找到江涛。张步云向江涛传达了闽东特委的命令，并汇报了北上抗日工作。江涛接到特委命令后，立即率领部队和张步云赶往屏南棠口。当江涛率领部队日夜兼程赶到屏南棠口时，叶飞已经带领第六团1300多名子弟兵出发了，部队经政和、松溪、浦城，向北越过仙霞岭进入浙江。

江涛望着叶飞部队远去的方向，久久不肯离去，心中充满无限感慨，祝愿叶飞带领部队战场立功，早日凯旋！江涛只好率领部队退回

新四军第三支队第六团北上抗日整编、集训、出发地遗址
（原棠口基督教圣公会建筑群）

到屏南与宁德边界一带开展抗日救亡宣传活动。

担任中共闽东特委常委

在红军游击队改编去留这个问题上，国民党当局要求南方红军游击队全部集中改编北上，企图借此达到削弱共产党在南方的革命力量的目的。中共中央认为："南方各游击区，是今后南方革命运动的战略支点，这些战略支点是10年血战的结果，应该十分重视他们。"中央长江局从"保持南方战略支点"的战略角度考虑，对游击队改编问题作了慎重的部署，根据形势发展提出了"各地游击队大体上按集中三分之二，保留三分之一"的整编原则，强调了留人、留枪问题。

为了在闽留下革命斗争的火种，中共长江局东南分局决定，成立新的闽东特委，范式人奉命留下担任闽东特委书记兼组织部部长、王助担任宣传部部长兼统战部部长、江涛担任工运部部长兼军事部部长，执委为郭文焕、张云腾、罗富弟、范振辉、郭济惠等，继续领导闽东抗日救亡斗争。

据1940年福建省委《抗战前福建党状况》记载，是时，闽东特委下辖：宁德县委，书记张云腾；寿政庆县委，书记范振辉；福安县委，书记郭文焕；周墩县委，书记罗富弟；政屏县委，书记张家镇，共有党员900多人。

范式人

与此同时，闽东特委还决定留下一个警卫排的兵力和60名干部，在闽各县工作，另有一支80多人的原寿政庆县游击队，在张家镇和张发祯带领下，在政屏边界坚持斗争。

南方各省红军游击队下山后，各游击区的共产党组织为了顺利完成下山改编的任务，在红军游击队内部进行了艰苦细致的思想工作，开展了广泛的政治教育和整训。在整训中，确定留在闽东的地方干部战士也组织了培训。范式人、江涛在整训讲话和培训中强调：上抗日前线奋勇杀敌，随时都有牺牲的可能，留下来坚持斗争同样危机四伏，处处刀光剑影。别看国民党当局现在表面上同意联合抗日，但他们消灭共产党的企图和行动从来不会停止。

与国民党斗争多年的范式人和江涛，对其反动本质是有深刻认识的。对于各游击区的留守人员和武装，国民党是不能容忍的，他们想方设法"消灭"之，决定"除新四军收编者外，其余残匪应继续搜剿"。但是各游击区克服种种困难，制定了正确的工作方针和斗争策略，在中共中

新四军驻福州办事处旧址

央的领导下，顽强地坚持下来，工作得到很大发展。

新的闽东特委组建后，中共东南分局决定在福州设立新四军办事处。经过与国民党省政府主席陈仪多次谈判后，新四军驻福州办事处于1938年2月23日正式设立，办事处设在南街（今八一七北路）安民巷27号（今53号），中共闽东特委宣传部部长兼统战部部长王助以新四军参议身份任办事处主任，负责对外公开联络与活动；闽东特委书记范式人以新四军上校秘书衔参加办事处领导工作，负责内部及与外县的联络工作；章水和以副官名义任办事处秘书，并配备警卫班、采购、炊事员等工作人员近20人。新四军驻福州办事处，是共产党的对外联络机关，主要工作是开展抗日民族统一战线工作，接洽红军游击队改编的具体事宜；联络和帮助红军游击队集结下山整训、扩军、改编；进行抗日救亡的宣传、组织及后勤保障等工作。在中共中央和新四军军部等指示和领导下，各游击队的改编和整训工作进展顺利，抗日宣传工作搞得轰轰烈烈。

1938年2月，叶飞率部北上抗日后，江涛率领游击武装队伍退到宁德、屏南边境地区开展抗日救亡宣传活动，宣传我党"停止内战，团结抗日"的主张，散发《告民众书》等宣传品，恢复党的组织，建立抗日团体，进行抗日反顽。他既认真贯彻执行党的团结抗战的方针，执行停止以暴力没收地主土地和财产的政策，又十分注意保护群众的利益。因此，他虽然在此地工作的时间不长，但是赢得了人民的拥护与尊敬，当年屏南县代溪镇淦山地区的群众亲切地称他为"第二次革

中共宁屏淦山中心支部旧址（代溪镇淦山村）

屏南代溪镇淦山村

命"的领导人。⑤

3月，新四军六团宁德留守处被破坏后，江涛与宁德边区的吴荣勤以及宁德的叶家瑜、陈华松、马佬志等同志开会，研究贯彻省委制定的"背靠农村，面向城市发展，推动抗战，巩固根据地"的工作方针。他转到罗源、福州、琅岐、桂湖及罗、古、闽、连交界地区，领导工人农民开展抗日救亡运动，带领武装队伍进行抗日游击武装活动。

1938年秋冬的一个夜晚，福州的街头有几个年轻人趁着夜色快步行进到福州安民巷街头，一直走到安民巷的深处便是新四军驻福州办事处。新四军福州办事处虽然是中共在福州唯一公开活动的机构，然而，却处在国民党军警特务严密监视之下，在办事处四周设有特务监视据点，大门口有特务放哨，人员外出有特务跟踪，因此办事处人员在深巷里深居简出。安民巷在这座古老的城市几乎无人不晓，安民巷大约在明初开始成为商人的聚居地，一座一座青砖雕琢的高大门楼里头都是规格相似的四合院，巷道里铺着平整的青石条，古老的风火院墙很高，外面很难看清四合院里的动静。

交通员通报值班战士后，侧门开了一条缝隙，仅一人侧身进入。两人疾步穿过堂屋，在副官的带领下径直走到王助的房间。

王助一见进来的两人的打扮，一时难以辨认，只有当两人掀开外面的衣服，脱下帽子，摘掉假胡子，这才认出了他们。

"江涛、江国荣！"王助笑着说道。

"报告主任，新四军第三支队六团江国荣奉命前来报到！"江国荣行了一个标准的军礼并说道。

"我上个月向东南分局和新四军军部发了电报，请军部派一批熟悉福州情况的军事骨干回到福州，协助办事处开展福州抗日救亡运动，没想到，你这么快就来了，欢迎欢迎！"王助边说边握住江国荣的手。

"现在福建抗日民族统一战线已经形成，但是国民党当局不断地制造反共事件，杀害抗日战士和农会干部。"江涛义愤填膺地说。

"我们绝不能妥协，放下枪杆子！"江涛用力拍了一下桌子，站

新四军三支队六团北上抗日纪念碑

了起来。

"是啊，我们一刻也不能放松警惕！跟国民党的反共行径、破坏抗日统一战线的斗争必须马上开展。当下，我们需要大量有斗争经验的干部到城市、农村、山区等地去恢复发展党的组织，建立抗日武装力量。"王助望着江涛、江国荣说道。

时年25岁的王助，中等的个子，脸略微有些清瘦。他头上戴着新编四军军帽，一身合体的将校呢军服穿在身上，腰上束一条整齐的皮带，佩有一支手枪，脚上穿一双黑亮的马靴，身材笔直，鼻骨有一副玳瑁厚近视镜。他是先后到厦门大学、北京大学求学，然后又投笔从戎的书生，但他的剑眉和眼睛中闪露出的果敢神情，却是那种只有经历过残酷战争考验的人才有的。

江涛早年在福州领导过工人运动，福州的人力车夫、锯木厂、码头工人、轮船工人的工人运动基础很好，因此，新四军福州办事处王助和范式人让他回福州领导城市抗日地下工作，同时，又兼顾闽东特委工作，往返于福州及周边地区、闽东，领导农村抗日斗争。

领导敌后抗战

抗日战争初期，在中共闽东特委的领导下，闽东各级党组织相继得到恢复，确定了"背靠农村，面向城市发展，以合法斗争推动抗日战争，保持与巩固原来地区"工作方针，特委领导和各级党组织的工作人员利用各种身份隐蔽起来，方便进行合法公开活动，同时，保持发展新四军北上后留下来的武装力量，保护群众的利益。担任闽东特委军事部长兼工运部长的江涛，身上担负的责任更加重大，他领导各地党组织发动、组织各阶层人民，团结各党派和抗日团体，灵活利用抗敌后援会等合法组织，采取多种形式，广泛深入开展抗日救亡运动。

在福州地区，江涛积极支持锯木厂、码头、人力车行等工人开展合法斗争。台江建成锯木厂，曾在江涛的指导下建立了以陈隆水等人组成的地下联络站，斗争始终非常活跃。当时，锯木工人要成立一个圆锯锯木工会，国民党闽侯县党部却推说锯木业已有工会，不能再成立，一直不批准，要工人们去参加已成立的锯木业系统的工会（黄色工会）。工人们当然不同意。受江涛委派直接协助锯木工人工作的张

抗日宣传队

心仕同志也想不出办法来。江涛同志从有利于国共合作抗日，有利于推动抗战的精神出发，指导工人们处理好了这一事情。他认为："大部分工人站在我们一边，黄色工会只是几个人，我们可以加入进去，在工会里争取席位，以优势的席位争取斗争的胜利。"后来，推选了圆锯锯木工人的代表参加锯木业系统的工会，由于开展了有理有利有节的斗争，成立筹备会时，结果5个席位，圆锯锯木工人占了3个。由于他既坚持了斗争的原则性，又能掌握必要的灵活性，因此取得了胜利。江涛同志在复杂的斗争面前，善于把党的方针政策与群众运动结合起来，同时又具有很高的斗争艺术性，使得许多与江涛一起战斗过的同志都十分敬佩他。

1938年7月19日，"福建抗敌后援会"成立。江涛敏锐地抓住这一有利机会，利用抗敌后援会，派遣大量共产党员和进步青年加入抗敌后援会，组织领导抗日救亡运动，推动闽东各地抗日救亡运动蓬勃兴起。

在福安，江涛指派郭文焕、陈斯克等一批党员和进步青年，以普通民众的身份加入抗敌后援会，在城关开展抗日宣传活动。他们走上街头示威游行，呼喊口号，慷慨演讲，教唱抗日歌曲，排演救亡戏剧；同时，在街头要道处刷写抗日标语，绘制壁画。民众的抗日爱国热情如山洪海啸般被唤起，在晨呼队、歌咏队的带领下，民众在大街小巷齐声高唱《义勇军进行曲》，引吭高呼"打倒日本帝国主义""把日本侵略者赶出中国去"等口号。抗日宣传活动还扩展到广阔的农村地区，宣传队几乎跑遍了福安的乡镇，宣传演出了30多场，表演了《我们的故乡》《血洒卢沟桥畔》《布袋队》《魔窟》《马百计》和《毒药》等抗战剧目，极大地激发了民众的抗战斗志。

7月底，罗源也成立"福建抗敌后援会罗源分会"，并设立宣传机构，成立肃奸、侦察、消防、救护、慰劳等工作团队。这一时期，江涛因为长期艰苦的游击斗争身患重病正在罗源大山里休养。闽东特委决定让江涛兼任罗源县委书记，以加强对罗源地区抗战斗争的领导。

当江涛得知罗源成立抗敌后援会后，他立即利用这种有利形势，选派了一些共产党员和红心白皮乡保长，参加后援会工作，加强抗日统战工作，开展合法的斗争和抗日爱国宣传，广泛宣传党的抗日主张，揭露日本侵略者罪行，号召国民党官兵枪口对外，投入全民族抗日救亡运动。同时，他广泛组织募捐慰劳活动，在罗源城关主要街头路口设立"献金台"，号召群众踊跃捐献。罗源群众捐献了大量的衣服、鞋子、毛巾、现金等财物，支持前线抗日战士和抗日军人家属。

琅岐雁坟洲

江涛在罗源养病期间，还大力恢复和发展党组织，安排陈云飞、林涧清、梁真、吴大麟等在连江罗源一带活动，联络党员并建立党支部，并广泛动员青年参加新四军和罗源抗日游击队。在江涛和罗源县委的领导下，罗源地区抗日救亡运动开展得轰轰烈烈，有力地支援了前线抗战。

1937年全面抗日战争爆发后，江涛没有忘记家乡的抗日斗争。在江涛的领导下，成立琅岐地下党特别支部，江存法任书记，江达霖为副书记，同时，将琅岐红军赤卫队改编为闽海抗日游击队，在雁坟洲建立秘密抗日游击队联络站和军事训练基地。这支抗日游击队多次参加抗击日伪军的"扫荡"战斗，有力地打击了日本侵略军的狂妄野心。

武夷干校学习

为了统一对各地区的领导，更广泛地发动抗日救亡运动和开展反

武夷干校

顽斗争，1938年6月，根据中共中央长江局东南分局的指示，以闽浙赣特委和闽江特委全组，成立中共福建省委（同年8月又划进闽中党组织）。省委机关设在武夷山坑口村的村头村，省委下辖闽北、闽东两个特委和建松政、莆田、福清、泉州4个中心县委。⑥

1938年冬，毛泽东在党的六届六中全会上强调指出：普遍地深入地研究马克思列宁主义的理论和任务，对于我们是一个亟待解决并须着重地致力才能解决的大问题。

遵循党中央和毛泽东的指示，福建省委在党代会后，立即把干部培训工作作为一项重要战略方针进行部署。省委决定举办干部培训班，以提升红军战士和干部的理论水平、斗争本领及对形势的认识。1939年9月，福建省委在武夷山坑口村绿村洋山上创办武夷干校。绿村洋山位于闽浙赣三省交界的武夷山地区，海拔1170多米，山高林深，周围是一片密林竹海，没有公路相通，十多里山路全是上坡，而且十分陡峭难行。

"省委机关在绿村洋山时曾办了武夷干校……我们不仅要负责接送、保卫来自全省各地的学员，还要分别为男女学员搭茅棚、竹棚，仿照省委在武夷山绿村洋山驻地建房的做法，将毛竹劈作两半当瓦，

武夷干校部分学员名单（第三列第四位为江涛烈士）

劈成片当围墙，老毛竹当柱，顺着隐蔽的地形地貌，搭盖了二三十座大小面积的营房，就连睡的床、警卫员用的桌椅也一律是毛竹制作，好似绿色的阵地。"当年的警卫员赖求兴回忆道。

1939年，江涛奉命参加了干训班学习，在交通员的护送下，几经周折，从闽东地区到达省委驻地闽北崇安县坑口乡村头村。当年省委机关、武夷干校以毛竹为主料，搭建两排整齐的二三十个竹棚和一个大的"列宁室"。他们住的是竹楼，睡的是竹床，坐的是竹凳、竹椅子，用的是竹筒、竹碗、竹筷，吃的是竹笋、笋干，照明的是竹片、竹火把等，恍惚回到了竹器时代！师生们没有宽敞的教室，没有丰盛的美食，但心中始终充满革命乐观主义精神。他们把锅巴当作饼干，把米汤当作牛奶，在日复一日的学习中，积蓄力量；他们在深山里洗衣做饭，在青山绿水间留下欢声笑语！严肃紧张而又生动活泼的干校生活，在崇山峻岭间拉开了序幕。

这是江涛第三次参加培训，经历多年革命斗争考验历练的江涛非常珍惜这次培训学习机会，他如饥似渴地学习马列主义理论和党的方针政策。培训班安排了马列主义理论、中共党史、社会发展史、抗日民族统一战线与党的知识分子政策等党的基本理论课程，后来还增加了政治理论、形势教育和整风文件。曾镜冰亲自上党课，作当前抗战形势和党的方针、政策的报告，在《统一战线与阶级斗争》的报告中，指出"统一战线是阶级斗争的特殊形式"，"统一战线是互相让步的，又是互相斗争的"，纠正了那种在统一战线内只讲团结不讲斗争的错误观点。同时，针对工农干部对知识分子存在隔阂和排斥等不正确思想，他反复强调党的知识分子政策，并通过学习中的互帮互助，增强了党的团结。

曾镜冰

　　每天的学习任务都很紧张，江涛和学员们如饥似渴地汲取革命的养分。在当时，干校缺乏学习材料和纸笔，学员们便轮番传阅、摘抄同一本《联共（布）党史》，在学习中所用的土纸也是写完正面写反面，写了铅笔再写毛笔或钢笔。每当夜幕降临，江涛和学员们便围坐在灯火旁，热烈讨论到深夜。

　　为了帮助学员学习，省委还创办了《锻炼》和《学习》两个政治理论刊物。曾镜冰亲自为《锻炼》一刊撰写题为《论组织观念》的创刊词。指出加强党性锻炼的中心是加强组织观念。因此，加强党性锻炼的第一项任务是锻炼全体同志健全组织观念，从政治上理论上思想上保证党的组织统一与行动统一。这两个刊物除了刊登辅导学习的理论文章和个人学习心得以外，还时常选登一些个人有感而发的诗词、歌曲、漫画等，内容丰富多彩，对学习起了很大的促进作用。

　　武夷干校的学习严肃紧张，但文娱生活则

轻松活跃，经常开文娱晚会，既有歌咏、舞蹈等一般文艺节目，又有根据时事形势与学习内容编排的活报剧。

"东方曙，林鸟叫。大地苏醒了，梆子声声催人去做工。热烈讨论，热烈操练，多紧张！突击学习，突击生产，莫放松！武夷干校，歌声嘹亮，晚会有唱有笑真快乐。"

在艰苦的环境中始终保持乐观、开朗的心情和朝气蓬勃的精神状态。每天学习、操练之余，学员们总是三五成群或整队高唱革命歌曲，不时地举办文娱晚会，既有歌咏、舞蹈等文艺节目，又有一些大学生学员根据时事形势与学习内容自编自演的活报剧，如"拔苗助长""瞎子摸象""码头工人"等，既调节和丰富了学员的精神生活，又进行了生动的形象化的形势教育。

"瞎子摸象"由4位学员扮演4个工人抬1根大杉木，步履蹒跚，嘿呀嘿呀的，同志们都轰动了，这4个家伙怎么抬得起这么大的木头！原来只是杉树皮，中间是空的，教育学员内容与形式应相适应，不要只注重形式。又譬如，一头"大象"，几个"瞎子"摸来摸去，有的将鼻子当大腿，有的把大腿当树，结果都不对，教育学员要全面地看问题。这些教学方式因陋就简，灵活多样，形象生动，深入浅出，达到了很好的教学效果。每次演出总是被围得里三层外三层，还吸引附近村民观看，既丰富了学员们的课余文娱生活，也起到了很好的宣传效果。江涛长期在游击区领导革命工作，工作的隐蔽性强，压力非常大，能有这样丰富多样的培训学习生活，对他来说受益匪浅。

在武夷干校里，曾镜冰还亲自谱写了《武夷颂》《生活在武夷》等充满战斗激情的歌曲。尤其是《武夷颂》这首歌曲，激动人心，学员们把它当作"校歌"，每天清晨，武夷山上，歌声如潮，鼓舞大家同仇敌忾，争取革命胜利。

武夷山上，十年抗争，灿烂辉煌。

武夷山上，生长着一群抗日的健儿，

他们驰骋在扬子江畔。

武夷山上，今天是青年学习的场合，

明天是他们作战的战场。

听啊！歌声嘹亮。

看啊！血花飞溅。

伟大的武夷山，万古流芳！[7]

　　培训内容不仅有文化理论方面，也有军事技能方面的。江涛在"福建事变"出狱后曾参加过省委在鼓山举办的军事培训班，学习过游击战争知识。这次培训班省委作了精心准备，专门从抗战前线申请几位军事干部讲授军事作战知识，实战和理论学习相互结合。在上课之余，江涛结合多年游击战争实际经验，更加深入地思考闽东地区的抗战策略。

　　通过武夷干校学习，江涛和学员们提高了对马列主义的认识，系统地学习了马列主义基本原理及党在抗日战争时期的方针政策，马克思主义哲学和社会发展史，深入了解了党的统一战线与阶级斗争等，对革命从最朴素的阶级感情逐步上升为新的思想认识，他更加坚定了对马列主义的信仰。同时，他结合闽东革命斗争不断思考，把经验和革命理论相结合。他年轻富有朝气，对工作投入满腔热情，踏实肯干，工作有声有色，深受曾镜冰、王助等福建省委领导赏识。

　　在抗日反顽、敌强我弱的特殊时期，福建省党组织落实中央"独立自主靠山扎"的精神，既依靠崇山峻岭的大山，也依靠人民群众这座稳固的"靠山"，得到了武夷山老区群众的大力支持。

　　在那段艰苦日子里，武夷山坑口村的百姓不顾生命危险，冒着被"连坐"迫害的危险，建立了联络点和交通站，秘密护送学员，出色地完成接送任务。他们不畏敌人的封锁，始终不屈不挠地斗争，拿出家中的口粮，以给山上造纸厂送物资或上山生产劳动为借口，冲破层层阻碍，为干校送粮食、盐巴、衣物以及情报。坑口群众用血浓于水的深情，支援和保护学员们，让他们在危机四伏的境况中安心学习，为省委培养一批批抗日骨干作出了重大贡献。据武夷山革命《大事记》中记载：1939年9月，坑口村头村一带的接头户，接受省委书记曾镜冰下达的任务，通过崇安洋庄一带的党组织，秘密为武夷干校购买了3000斤黄豆，有力地支援了武夷干校办好食堂。

武夷干校的创办和整风整训，福建省党组织有效地清除了党内存在的党性不纯现象，广大党员特别是党的领导干部思想水平、理论水平有较大的提高；为争取抗日反顽斗争的最后胜利提供了思想上、组织上、干部上的准备；为如何进行党的建设，保持党的先进性与战斗性，作出了有益探索。先后有300余名干部在这里系统地学习了马列主义基本理论和党在抗战期间的政策。武夷干校对提高福建干部队伍的马列主义理论水平，肃清"左"倾错误路线的影响，保持革命坚定性，夺取抗日反顽斗争的胜利，迎接解放战争和全国革命胜利的到来起了重要的历史作用。

武夷干校培训之后，江涛就随着闽东干部一同返回闽东。一起参加培训的闽东红军学员有陈邦兴、吴南启、罗富弟、戴炳辉等军政干部，这些干部为闽东地区抗日战争和解放战争作出了重要贡献。

---

①缪小宁：《闽东苏维埃1934[下]》，2014年10月，901页。
②缪慈潮、顾铭主编：《范式人传》，2002年12月，84页。
③石堂，地处虎贝乡西部，与屏南、古田交界，离宁德城关数千米。
④张步云同志回忆的有关江涛情况，1984年12月26日屏南党史办甘妙坚同志根据张步云回忆提供。
⑤张步云同志回忆的有关江涛情况，1984年12月26日屏南党史办甘妙坚同志根据张步云回忆提供。
⑥中共南平地委党史研究室、郑长裕主编：《闽北革命史》，1992年10月，202页。
⑦中共南平地委党史研究室、郑长裕主编：《闽北革命史》，1992年10月，207页。

第七章　临危受命　血洒周墩

横坑事件

左丰美

1939年7月22日至27日，中共福建省委在崇安县坑口乡村头村禄村洋山上召开福建省党员代表大会，总结省委成立以来的工作，研究部署今后的斗争方针、任务，并选举党的"七大"代表。闽东特委郭文焕和罗富弟两位代表参加。会后，省委指派左丰美到闽东传达会议精神，同时开辟一条从闽东到闽北的农村交通线，打通闽东游击区与省委的联络通道。参加省委党代会的闽东特委书记郭文焕由崇安经建瓯、南平、福州、福安而后到周墩县。8月初，左丰美带了一个警卫班，由罗富弟带路，经浦城、松溪、建瓯、政和、屏南，经过20多天行军，于9月10日抵达周墩中心地界。他们在碧岩、茶广两村之间的横坑里的秘密山寮里找到了闽东特委副书记戴炳辉，等待郭文焕前来汇合后召开特委会议，传达中共福建省委会议精神。

9月11日，郭文焕从福安带了郭怀仁、郭树干、陈斯克等人赶来周墩开会，由于路经咸坑时，遇上周墩特区的国民党便衣队不幸被捕，特委会议无法召开。当晚，左丰美召集各县党组织负责人开了短会，江涛参加了会议。会上，左丰美简要地说明了省委党代会有关统一战线的策略及反顽自卫的原则，扩大抗日武装和防止突然事变发生的意见，要求各县做好这些工作。第二天就有茶广村老百姓来报告说：郭文焕、郭树干等同志在来周墩的路上被敌人抓了。13日凌晨，国民党省保安连和周墩保安队100多人，分两路包围了特委机关驻地横坑秘密山寨。当时，特委机关只有一个警卫班，十七八人，6支驳壳枪，1支左轮手枪，1支套筒枪，敌我力量悬殊。先到的一路敌人从秘密寨右面山上下来，先朝秘密寨驻地打了一排子弹。左丰美左脚被打中负伤，戴炳辉、江涛和战士们取枪迅速反击。战士们在戴炳辉、江涛指挥下，背上左丰美冲出包围圈，转移到对面茂密的山林里。当时左丰美腿上鲜血淋漓，戴炳辉帮他简单包扎后一起潜伏在山林里。横坑事件造成游击队2名战士牺牲，多名战士受伤。①

戴炳辉、江涛趁着夜色掩护，躲过了敌人的搜查，等敌人撤走后，戴炳辉、江涛急忙将左丰美抬往茶广革命基点村治疗。茶广村革命基础好，群众非常拥护共产党和游击军，保甲长也是"白皮红心"，老乡们取来南瓜瓢给左丰美敷上伤口退热，也有群众上山采摘草药。由于伤势严重，缺乏消炎药品，贯穿枪伤的脚肿得越来越大，戴炳辉决定将左丰美转移到一个更偏僻的山沟处，搭建一个山棚让他长住，找到同情革命的村医陈龙诗为他治疗养伤。一个月后，在江涛的护送下，左丰美转移到周宁与福安交界的高际头后山上治疗了3个多月才好转康复。

由于郭文焕被捕，省委决定由戴炳辉担任中共闽东特委书记，此时，闽东特委委员中有多名委员牺牲、被捕。面对复杂严峻形势，特委决定尽快召开特委会议。10月，戴炳辉在宁德梅坑乡白岩头村主持召开特委会议。江涛接到通知后，带着警卫员赶到白岩头村参加会议。会议再次传达贯彻省委党代会精神：继续宣传抗日，做好统战工作，加强团结，避免摩擦，发展党员，壮大组织。

参加完特委会议后，江涛返回罗源，召开县委会议，传达贯彻省委党代会和特委会议精神，同时，根据罗源斗争形势，江涛部署了3

项工作：1.广泛宣传党的抗日救亡方针政策；2.开展统一战线工作，争取和团结中坚力量，搜集情报，掩护党组织和游击队活动，避免摩擦，进行合法斗争；3.壮大游击武装，巩固抗日反顽斗争根据地。同时，县委派遣县委委员到各支部传达会议精神并指导具体工作。

周墩县委书记

1939年后，随着国内外形势逆转，国民党当局制造反共事件愈演愈烈。国民党驻闽绥靖公署奉行国民党五届五中全会"溶共""防共""限共""反共"政策，颁布训令，要求各地"严密保甲组织，彻查和实行连坐法"。1939年9月发生横坑事件，当时的闽东特委书记郭文焕被捕牺牲，左丰美负伤，闽东特委组织受到严重破坏。同年12月，省委决定左丰美同志继任闽东特委书记。紧接着，左丰美在周宁召开闽东战略会议，特委委员和县委负责人悉数到会。面对革命形势发生重大变化的形势，围绕应对策略及下一阶段战略，大家展开激烈讨论，会议开了20多天。经过充分研究讨论，会议强调必须加强武装自卫、整顿队伍和组织，发动群众，实行隐蔽斗争。同时，决定：江涛在周墩县领导革命；吴元富、雷成太带队伍仍到福安白云山下的晓洋乡一带活动；左丰美率领剩余主力及警卫班和宁德游击队共有30多人转战宁德地区。

面对严重的形势，江涛毫不退缩，他坚强稳重，大胆机智地领导着周墩人民进行斗争。当时，面临敌人的第二次反共高潮，斗争十分残酷，不少同志牺牲了，还有许多同志被打散了。遵照"隐蔽精干，积蓄力量，长期埋伏，以待时机"的指示精神，他一方面鼓励同志们坚持顽强的斗争，一方面又"反对激进和暴露"。他深入到乡村，进行具体部署。

在李陈，当他了解到敌人要抓郑连华同志，就耐心地对郑连华同志说："敌人正要抓你，你的原名不能让人知道，我看你还是叫王开存。"并再三叮嘱："千万不要叫原名！"由于他深入细致的工作，许多同志在残酷的斗争环境里得以长期地隐蔽下来，从而为我党保存了一批骨干力量。

江涛着手建立周墩县游击队，由于资金短缺，武器也极其紧缺，在一穷二白的条件下，江涛必须想尽一切办法弄到武器，购买一些枪弹，修复损坏的枪支。这时，江涛想到了戴炳辉从闽北省委领回的10颗手榴弹，可以武装游击队。

闽东红军游击队
选用过的马刀

老式手榴弹弹身很粗糙，在没有机器设备的条件下，完全是由闽北军分区兵工厂工人的双手制作而成。里面装的炸药，是用土硝精心熬制的，而那根"马尾辫"，则是取材于当地常用的麻绳。

江涛对游击队排长银弟说："马尾手榴弹在携带方面就不太方便了，而且在性能上也是落后的，因为引信部分是外露的，很容易就会出现受潮以及发生意外，再加上发火方式也挺不可靠的，只要是落在软地上就不可以进行正常的起爆。为了增强炸弹的杀伤力，将马尾炸弹改制成木柄手榴弹，这样一改不但达到了预计的目的，而且便于投掷，携带方便。"

"现在很难弄到武器和军火。这些马尾雷还是省委节约了，让我们带回来的。"银弟说。

听了江涛他们的对话，戴炳辉想了想说："没有关系，我想想办法。这些老式雷，我们稍微修改修改，就可以起到大作用。到时候一雷炸5-6个，10个雷就干掉2个排兵力。"

戴炳辉内心暗暗计划，收集一些火药和榴弹壳，准备过段时间改造木柄手榴弹，再制造几枚相同的马尾手榴弹。

几天后，江涛、银弟刚刚走到粮店，准备买些黄豆。突然，村口传来一声爆炸声。声音响彻了山谷，吓得那些麻雀吱吱叫喊，满天乱飞。

江涛急忙跑了过去，只见几个游击战士围在路口。他没有多想，挤入圈围群众里，戴炳辉再起身时已经是脸色苍白。江涛声音颤抖地说："手炸断了。"

银弟快速跑到桥头农民住户的家找来一扇门板，江涛指挥游击战士们把戴炳辉抬到门板上，4人抬起在大路上奔狂起来。江涛在前面跑，他们要跑到前面的乡里大街，那里有一个比较有名的乡村郎中。

戴炳辉躺在门板木板上呻吟不止，银弟和几个战士在道路上跑得挥汗如雨。江涛在前面一边跑一边催促，这几个战士不敢吱声，哭丧着脸，呼呼喘气呼呼跑，跑出了两里路。心急如焚的江涛喊大家停住了脚，他一把从木板上背起戴炳辉在大路上飞奔起来。银弟喊几个战士继续抬着木板在后面跟着，自己则要跑上去替换江涛。

当银弟和几个战士来到乡里郎中医馆，江涛已经站在那里了，汗水湿透了他的全身，两只脚的下面积了两滩水。他看着银弟他们跑过来，木板往地上放，就一个个坐在医馆门口，风箱似的喘起气来。这时候，郎中和他徒儿正在给戴炳辉止血。

郎中问江涛："这是怎么了？怎么受了这么重的伤？马上把草药捣烂，要止血治伤！"

"拆手榴弹爆炸了。"江涛懊恼地说。

这种爆炸是撕心裂肺的疼痛，戴炳辉已经失血过多晕倒，侧躺在诊病的竹榻上。

乡村郎中察看了伤痕累累的戴炳辉，不是叹气就是摇头。他告诉江涛，戴炳辉身上取出来的弹片就有4片，别的弹片碎片是数不胜数。看着身上还在出血，他别无他法，只能用蒲黄给他止血镇痛和抗炎，再用大量绿色的草药泥包裹断臂，乡村郎中这才用力地抹了一把额头上的汗珠。而此时，当药力逐渐发挥作用，戴炳辉的伤口才停止了流血。

戴炳辉喝了很多水，郎中方才彻底放松下来，面朝着江涛，叹声说了话："血暂时止住了。对了，这些日子你要好好地养伤，每天要换药，一个月内不能离开家门。相信你的伤会很快好起来。"

巨大的爆炸声很快引起敌人的警觉，江涛决定立即把戴炳辉转移到大山里。

果不出其然，当地民团和保安队开始大规模搜捕。江涛带领游击战士抬着戴炳辉辗转深山密林。由于敌人封山搜捕，再加上伤口感染恶化，1940年5月6日晚戴炳辉在周墩梧柏洋延竹栏秘密寮中不幸牺牲。江涛和战友们把戴炳辉遗体收殓在附近的山岗上。

1940年下半年开始，国民党顽固派发现闽东各地游击队重新开始活动后，在军事上加紧围堵游击队。1940年11月11日，闽东特委书记罗富弟、周墩县委书记张华山、县委妇女部长罗桃妹和交通员张德新等人在梧柏洋濑头冈秘密寮召开会议。国民党军队包围秘密寮[②]，用机枪猛射，罗富弟、张华山、罗桃妹和张德新等4位同志壮烈牺牲，史称

梧柏洋

"濑头冈事件"③。

梧柏洋，这个在土地革命时期周宁重要的革命根据地，有着光荣的革命历史的老区村，见证了这批领导人和干部战士惨死在第二次国共合作时期国民党顽固派的枪口下！

闽东特委组织再一次遭受严重破坏！

同年11月，闽东特委常委江涛兼任周墩县委书记。

深入虎穴

在国民党掀起的第二次反共高潮中，国民党福建第一行政督察公署为了彻底消灭闽东共产党及其武装力量，决定由福建省保安一团协同各县保安队，分5个区域，向宁德、福安、寿宁、福鼎、罗源、古田、闽侯、霞浦各县和周墩、柘洋等地发动全面的"清剿"，同时在各县、区张贴布告，重金悬赏缉拿闽东党组织领导人左丰美、罗富弟、江涛、丁进朝等人。1940年11月，闽东党组织领导人罗富弟、张华山壮烈牺牲，中共闽东特委只剩下江涛、丁进朝两人，闽东党组织和武装力量遭受了重大损失，闽东地区的斗争形势日趋恶化④。

面对残酷严峻的斗争形势，历经游击斗争磨炼的江涛保持沉着冷静。江涛没有丝毫悲观情绪，他坚信，留得青山在，不怕没柴烧，就是剩下一个人，也要坚持斗争，最后胜利一定是我们的。在组织骨干力量隐蔽的同时，及时稳住队伍内部比较混乱的局面。当时，因斗争环境恶劣，游击队伍内部有些干部思想产生了动摇，游击队指导员吴友德串通4名游击队员一起开小差，企图落草当土匪。江涛感到事态严重，立即处决了吴友德，委派方福强接任指导员，稳定了游击队的情绪，巩固了游击队。

1940年12月底，中共闽东特委在周墩梅台村⑤下洋坑召开特委会议⑥，传达中央关于国统区实行"隐蔽精干，长期埋伏，积蓄力量，以待时机"的"十六字"方针，并根据省委指示精神，进行内部精干，以应对突然事变。会议确定了闽东党组织今后的方针和任务：发动群众对敌展开反"清剿"斗争；加强群众联系工作，搞好统一战线工作；整顿党的组织和部队，统一指挥，分散活动。⑦

会后，江涛带领游击队一部到周墩咸村乡一带活动。周墩枣岭乡⑧岩兜村，位于通往枣岭、周墩县城和下洋坑的三岔路口。岩兜村是游击队活动必经地方，村里的大地主孙第五是这一带的地头蛇，手上有一些民团武装。为了团结抗日和打通这个交通要道，以及解决筹集粮食、革命经费等问题，江涛决定，对孙第五做统战工作。

江涛在周宁梅台村的住址

在岩兜村保长的引荐下，江涛见到孙第五。他走进宽敞的孙宅大院，前厅两根粗壮的圆柱支撑着上面的横梁，厅堂有5-6个人分坐在两旁的椅子里，4个炭盆分成两排，供他们烤火取暖。一个清瘦黝黑的男子坐在主人座位上，似乎正在议论什么，看见江涛两人走进来便停了下来，诧异地看着这位不速

下洋坑（周宁县革命老区基点村）

之客。孙第五示意给他一张凳子，让他坐到炭火旁。银弟形影不离地跟在江涛身后。

"前不久感谢孙掌柜借了我们10斤黄豆，今天特地登门致谢。"江涛开门见山地说道。

"这点小事，何足挂齿。"孙第五笑着说。

"我们初来乍到，多有打扰。"江涛面带微笑。

"听您口音不像本地人？"

江涛回答说："对，我家乡在几百里外的闽侯县琅岐岛。现在家乡被日本人占了，只能背井离乡。"

"你是从福州过来的。"孙第五脸上出现一丝迷惑，加上一句"新四军"。

江涛摇摇头，没有回答。

有过漂泊经历的孙第五对眼前这位身材笔挺、表情冷峻的男子汉产生了几分敬意。江涛语气谦和，却是一个见过世面的人，他说话时眼神坚定，体内有着蓬勃生机。

当孙第五递给他一碗热气腾腾的地瓜汤，他接住碗，听见孙第五说："我虚长几岁，要不我们兄弟相称吧。"

江涛和银弟无声地看着他，他们没有说话，只是缓慢地喝着自己

下洋坑会议旧址

江涛烈士纪念亭（位于周宁县咸村镇梅台村下洋坑）

手中的粥汤，淡黄色的粥汤沾在江涛的胡子上。等银弟喝完以后，江涛起身告辞。

此后，江涛和游击队排长银弟多次在岩兜村开展工作，虽然也曾经与孙第五发生过摩擦，但是双方还是相安无事。

1941年4月，孙第五以府上老娘的六十寿宴，请江涛务必赏脸。

银弟说："孙第五家中藏有两三支长枪和几门土炮，曾积极配合国民党围堵红军游击队，穷凶极恶，表面伪装得非常开明，骨子里却坏透了，去了怕是有危险！"

"我们现在正在做他的统战工作，此时不去，别人会说我们共产党没有诚意，要扣人我看他还没那么胆大吧。"江涛拍了拍银弟肩膀说道。

"把孙第五争取过来，就可以打通这一带的交通线和补给线，化敌为友，这可是件大事！"江涛接着说。

于是，江涛让交通员回复孙第五说：他准时赴宴。

革命心切的江涛万万没有想到的是孙第五面上跟他称兄道弟，背地里却跟周墩保安队队长陈英同流合污，一直在找机会除掉江涛。孙第五一得到江涛答应赴宴的消息之后，欣喜万分，立刻赶到周墩保安

孙第五旧宅

队向陈英报告了，他们密谋商量如何抓捕江涛。

1941年4月的一天傍晚，江涛带着警卫员银弟准时到孙家大院赴宴。孙第五在门口迎接，抱手作揖。生日宴会在内里堂举行，里面摆着桌子。江涛、银弟在角落刚刚坐下不久，一个陌生男人也走进了院里，身后跟随着6个身材强壮的男人。突然，就在江涛和银弟不注意时，这几个男人从身后死死地抱住他们，把他们手臂袖子里的驳壳枪也收了。埋伏在周边的民团一下子都冲出来，把江涛和银弟团团围住。团丁们蜂拥而上将江涛五花大绑。

保安团狂妄地大喊："抓住了，大鱼！"

他们一搜身，发现身无分文，不禁骂道："还以为抓了个有钱的官，没想到是个穷鬼！"说完连推带搡地把江涛、银弟押到了周墩特种区。

坚贞不屈　英勇就义

江涛连夜被押解到县城保安队。江涛的大名在国民党保安队、民团这些人当中是如雷贯耳，令人闻风丧胆。周墩保安队队长陈英[9]，这个双手沾满革命者鲜血的刽子手，亲自审问这个"共产党要犯"。

一开始陈英用对待练文澜、魏耿这些叛徒的方法来对待江涛，争取他叛变投降。陈英想尽一切办法顿顿好酒好菜侍候江涛，还三天两头到牢里嘘寒问暖，打感情战，江涛都置之不理。

陈英又想用黄金和美女来动摇江涛的意志，但都没任何作用。时间一天天过去了，江涛没有说一句话，没有交代任何东西。陈英处心积虑地找到一些背叛革命的游击战士来劝降，结果被江涛一阵痛骂之后，灰溜溜地跑了。

陈英发现江涛是无法争取的时候，惨无人性的酷刑降到了他的身上。他遭受敌人种种酷刑折磨：拷打、香烙、刀砍……残酷的刑罚并不曾动摇他的意志，虽然他被打得死去活来，他的双腿被老虎凳轧断了，10个手指被铁扦刺得鲜血涌流，被打得奄奄一息，已经不成人形了，但是他始终保守党的秘密，对党忠贞不屈，大义凛然，表现出一

江涛烈士牺牲地——周宁县七步镇七步岭

个共产党员的大无畏精神。

江涛已经被押在周墩中心特种区一个多月，当国民党福建省当局得知周墩抓到了闽东特委工运部长兼军事部长，急令周墩保安队：就地正法，以绝后患。陈英接到密令后，命令手下执行。手下询问在哪里枪杀，陈英咬牙切齿地说："押往省城路上七步村杀掉。"

1941年5月6日，一排罪恶的子弹射向江涛，闽东革命领导人江涛在周墩县（今周宁县）七步村岭头壮烈牺牲，年仅29岁！

---

① 左丰美：《谈国际革命斗争情况（一九三九—一九四七年）》31页，中共宁德地委党史资料征集研究委员会办公室等编；《闽东党史资料与研究》1983年第2期。

② "寮"是指用干草、树枝、树干等搭建起来的窝棚。

③ 中共宁德市委党史和地方志研究室著，陈其春主编：《中国共产党福建省宁德历史第一卷（1926—1949）》，2022年7月，269页。

④ 中共宁德市委党史和地方志研究室著，陈其春主编：《中国共产党福建省宁德历史第一卷（1926—1949）》，2022年7月，277页。

⑤ 梅台村，元末明初建村时属宁德县青田乡东洋里十八都，世称"梅峰境"。"面前垱"的村前小山包，传说古时"垱"上盛长杨梅树，故称"梅垱"。

⑥ 1939年9月梅坑事件中闽东特委书记、特委委员、周墩特委书记等四位同志相继牺牲，一时白色恐怖笼罩着闽东，反革阴霾布满周墩上空，江涛、丁进朝两特委委员，迁居下洋坑山头腰。于1940年10月省委派左丰美同志任闽东特委书记，同年12月在本村山头腰召开特委会议，会期两天，调集周墩、宁德两县干部黄垂明、雷成太、吴安秀等队伍集中学习整顿。会议主要贯彻中央指示，进行内部组织精干，防止忽然事变。会议学习讨论了党的任务，并结合当时形势研究决定：（一）加强联系群众工作；（二）加强对上层的统战工作；（三）整顿党的组织和队伍。会议期间，整编了队伍，统一了指挥。由王一平同志担任部队的政治工作，并决定把部队分成两部分活动。一部分30多人由吴元富、雷成太、方福强带领到福安白云山、晓洋一带开展工作筹集经费；另一部分特委机关、教导队，由左丰美、王一平、黄垂明、丁进朝等带领到宁德一带活动。在会议中闽东主力游击队指导员吴某思想动摇串通四人企图拖枪当土匪，特委发现后当即处决这个变节分子，立即任命方福强同志为闽东主力游击队指导员。此次会议是拨开乌云见青天的会议，是鼓舞士气的会议，是团结向前去争胜利的会议。

⑦ 中共宁德市委党史和地方志研究室著，陈其春主编：《中国共产党福建省宁德历史第一卷（1926—1949）》，2022年7月，278页。

⑧ 枣岭乡位于咸村乡西北方13公里，海拔650米，以孙氏为主，元朝初年形成村落，相传古代一个逃难王族经此夜宿，次早出行，即名此处"早岭"，后成今名。

⑨ 陈英，又名张彬应，长汀县南山塘人。清光绪二十六年（1900）生，后迁居顺昌县洋口镇。民国27年（1938）8月，陈英在福建省保安补充第五团受军事训练后，由福建省保安处派到周墩特种区任保安分队长。陈英在周宁任职期间，从事"剿共"活动，对老苏区进行烧、杀、奸、掠，无恶不作，严重摧残革命事业。1950年10月被逮捕归案，1952年判处死刑。

附录

琅岐人民的好儿子——江涛

朱立仪

地灵人杰琅岐岛，人民英雄名江涛；

一生奋斗为人民，坚贞不屈头颅抛。

忠诚革命无所惧，虽死犹生价值高；

缅怀先烈无限情，高举红旗意气豪。

琅岐岛位于闽江入海口，是福建省第四大岛。在万恶的旧社会，由于统治阶级的腐朽，琅岐岛沃空昏暗，土地荒芜，到处萧条冷落，一片凄凉景象。当时的琅岐人民，与全国人民一样深受三座大山的欺压，过着食不果腹、衣不蔽体的悲惨生活。

1912年腊月，在一个寒风凛冽的夜晚，一个幼小的生命降临在琅岐岛上岐村一个贫苦的农民家庭。父亲江依角是个老实巴交的农民，租种地主的一块土地，辛勤耕作；母亲陈秋菊勤俭善良，为别人做奶妈，含辛茹苦。父母为刚出生的孩子取名江其才，希望将来有"才"，能出人头地，不受贫苦的折磨。

江其才的童年无限悲惨。他家临近鳌山，山上有个书斋，名叫"梅岩书院"，可那是有钱人家的孩子读书的地方。江其才根本无法进入，五六岁的他就背上箩筐，拿起柴刀，上山砍柴去了。

1917年8月，一场海啸侵袭琅岐岛。那时候，琅岐岛水利失修，"发大水"是一大祸害！父亲江依角租种地主的一块土地被荡然无存。为了恢复耕地，父亲没日没夜辛苦劳作，最终劳累过度含恨去世。这年江其才还未满6岁。母亲仰天嚎哭，流干眼泪；江其才瞪着双眼，胆怯地依偎在母亲怀中。母子在死亡线上挣扎，日子实在无法过下去。几个月后母亲改嫁，将孤苦伶仃的小其才，托付给同族伯父江通卓。

江通卓憨厚老实，辛劳一生，还娶不上老婆。他极有同情心，不顾自己的艰辛，收留下了江其才，一口饭两人吃，从此叔侄相依为命。白天江通卓下地种田，江其才替人家放牛放羊。一天，江其才在元宝山上放牧，突遇狂风暴雨，雷电交加。江其才从山上摔滚下来，遍体鳞伤。他强忍剧痛，一声不哼，他从小就培养起了坚强的性格。劳动磨炼着江其才，他十二三岁就跟江通卓一起下田干活。他起早摸黑，十分勤劳，年纪不大，却牛犁车耙，样样皆能。

1925年8月，一场霍乱瘟疫降临琅岐岛。那时候，琅岐岛卫生状况非常不好，经常闹传染病，俗称"病吐泻症"，这又成为琅岐岛的一大灾害。江通卓不幸染病去世，江其才又孤身一人艰苦度日。在悲惨的岁月中，江其才就这样熬过了17个春秋。他苦苦地思索：穷人出路在何方？

在那时，琅岐许多家破人亡、走投无路的人只能背井离乡，寻找生活的出路。他们或者被卖"猪仔"去南洋；或者到"省城"（福州）当苦力！江其才选择到福州当"苦力"。那时琅岐是个孤岛，交通非常不便，乘小木船过闽安到马尾，再过魁岐到福州，要时经一个潮汐（一昼夜的路程），真是夜漫漫、水茫茫！

江其才只身来到福州。当时的福州是个以手工业为主的港口城市，破破烂烂，满目疮痍，萧条冷落。在这个百孔千疮的省城，江其才人地生疏，无处栖身。他先在台江码头当搬运工，后来当过人力车夫，睡在万寿桥下，饥寒交迫。后来好不容易找到一个活干，在福州台江横街马友小吃店当徒工，总算有了栖身之地。他起早摸黑，挑水煮饭，洗碗端菜，十分勤苦。

当时中共福建省委地下党负责人叶飞、黄可英等同志在福州领导的革命斗争如火如荼，他们经常来到马友小吃店用餐。江涛与他们结识，在他们的影响和教导下，江其才懂得了大众穷苦难的原因，知道只有团结奋斗，打倒统治阶级，才能翻身得解放。江其才心中点燃了革命的明灯。

江其才参加了革命活动，马友小吃店也成为地下党的交通站。江其才富有正义感，机灵勇敢，联络同志，递送情报，后来经过叶飞同志介绍，他改名江涛，加入了共青团组织，这时他才17岁。再后来，在鲜红的党旗下宣誓，成为光荣的中共党员，成为一名忠诚的革命战士，那年他才18岁。

江涛同志开始主要从事工人运动。他以人力车夫的身份深入福州人力车行。这时候福州人力车夫约有三四千人之众。车馆主抬高车租，工人的生活濒临绝境。江涛组织人力车工人游行、请愿，向车馆主及黄色工会作斗争。他组织了中选、下道、南门兜、水部、程埔头等十多个人力车夫的赤色工会。此后他又在台江码头、锯木厂等，组织工人与资本家、反动派抗争。他与工人同生活同劳动，向工友们宣传"要翻身求解放，必须跟帝国主义、资本家及其走狗斗争"。他先后组织福州车行工会、水上轮船工会、锯木厂工会，并制定斗争纲领，将福州工人运动搞得有声有色。

1931年正月，中共福州中心市委发动工人年关斗争。江涛发动工人向资本家提出"减少工时，增加工资"的要求，把经济斗争与政治斗争结合起来，斗争取得了胜利。革命斗争考验了江涛同志，福州市成立总工会，他被选为工会主席，成为福州市工人的领袖。

1931年4月，江涛同志奉命回到琅岐岛，在家乡点燃了革命火种。他在上岐村发动乡亲参加革命，发展江存法、江达霖、陈春海等同志入党；创建了共青团琅岐支部，发展江存燧等同志参加共青团。同时还建立了红军琅岐游击队。这支游击队在他的领导之下，在琅岐雁行洲一带活动，神出鬼没，勇敢战斗，成为反对国民党统治的武装力量。

1933年至1934年，福建地下党活动活跃，苏区迅速扩大，江涛同志受党指派，为革命事业到处奔走，先后在连江、罗源、古田、周宁等地开展工作，任中共连罗县委委员和连罗团县委书记，发动群众，分地分粮，建立革命政权，领导武装斗争。

1935年，连罗革命转入低潮，江涛同志仍然坚持战斗。当时被敌人打散的红军战士何如鑫、林春弟、吴意、张心仁、林振团等到处流落，江涛同志把他们组织起来，带领他们转移到闽中地区活动，坚持斗争。

1936年3月，罗源何庄桥一仗，由于闽中游击队副队长魏耿叛变投敌，游击队被打散，江涛带领部分游击队员重回琅岐岛。五、六月，江涛奉闽东特委命，调任闽东特委委员，任"罗、古、宁"中心县委书记。当时由于反动派的残酷围剿，革命力量惨遭损失。江涛便同霍口区委书记江国荣一起，深入边远的基点村以及深山密林，寻访散失的同志，霍口地区的工作得以迅速恢复，还新建了船头、马下、香岭等13个党支部。此外，江涛还同闽东独立师黄培松配合，先后在霍口组建了游击第九支队，在中房松洋、白泉岗一带组建游击第七支队，还在岭头等地组建一些零散的游击队，积极发展人民武装力量。在最艰苦时期，福建地下党在叶飞同志领导下，提出"恢复老苏区，建设新苏区"的口号，江涛临危受命，担任闽中游击队政委及中共古宁闽中心县委书记。

1937年秋，罗源县苏区主席阮在永被叛徒阮应湛杀害，江涛怒不可遏，手持双枪，亲自带领游击队攻下洋头，活捉阮应湛，召开宣判大会，处决叛徒阮应湛以"祭旗"，大快人心，鼓舞士气。江涛同志忠诚革命事业，无私无畏，艰苦奋斗，冲锋在前，表现了一个共产党人的优秀品质。

后来闽东游击队改编为新四军第三支队北上抗日，这时江涛同志身患重病，留在闽东坚持革命斗争。他坚决贯彻"背靠农村，面向城市"推动抗战，巩固根据地的工作方针，继续开展艰苦的革命斗争。

1938年2月，红军北上抗日，江涛被任命为闽东特委常委，兼工运部部长。他先率领游击队到宁德、屏南的边境地区，开展抗日救亡宣传活动，后同闽东特委书记兼组织部长范式人，闽东特委宣传部部长兼统战部部长王助取得联系，领导工人、农民开展抗日救亡活动，并带领武装力量，进行抗日武装斗争。

1940年底，响应党的"建立抗日统一战线"号召，江涛同志在周宁县为了争取地主孙第五参加抗日救亡运动，冒着风险，深入虎穴，进行说服教育。狡猾的地主孙第五，他一方面伪装进步，同意与中共合作，一方面却暗中与国民党保安队勾结，设下圈套。1941年4月24日，孙第五以母亲生日为名，骗请江涛等赴宴，将其抓捕。

敌人将江涛押送到周宁县周墩特种区审讯，先用软的劝降，诱骗地说："你投降到我这边，可以当县长、保安大队长。"江涛同志大义凛然地说："我革命不是为了当官，我要为黎民百姓谋幸福！"真是富贵不能淫，表现了共产党员对党的无限忠诚！敌人用软的引诱劝降未能奏效，便施用种种酷刑对江涛同志进行百般折磨，但他始终坚贞不屈。

敌人软硬兼施，都无法让江涛同志屈服。1941年5月6日，敌人将江涛同志押赴周宁县七步村枪杀。江涛同志面对死亡，毫不畏惧，毅然迈步走向刑场。他大声痛斥反动派无耻，振臂高呼中国共产党万岁！

江涛同志为革命献出了宝贵生命，时年29岁。

多么短暂的生命啊！但是他虽死犹生！江涛同志为了埋葬旧世界，建立新中国，英勇牺牲！噩耗传回家乡，琅岐的白云山为他默哀，琅岐的雁行江为他哭泣！烈士为家乡留下了高高的丰碑，他是琅岐人民的好儿子！

江涛烈士证明

新中国成立后，江涛被追认为福州市著名的80位革命烈士之一。1987年3月18日上午，江涛烈士骨灰安放仪式在省委组织部礼堂举行。参加骨灰安放仪式的有省委、省政府、省人大、省政协的负责同志贾庆林、胡宏、程序、黄明等。骨灰安放仪式由时任省委组织部副部长李宗时主持。时任省人大常委会主任程序高度评价江涛烈士在长期艰苦卓越的革命斗争中出生入死、不怕牺牲、艰苦奋斗，为推翻反动统治，建立新中国，实现共产主义崇高目标英勇献身的精神。

如今，在琅岐鳌山公园，雄伟的烈士纪念碑上，由原全国人大常委会委员

1964年4月5日，中共福建省委委托福州市委在琅岐文化宫召开"革命烈士江涛同志追悼大会"，大会由原福州市委书记王一平主持，原福安地委、周宁县委领导同志分别介绍了江涛同志事迹，省委、市委及叶飞、范式人敬献花圈。

1987年3月18日，江涛烈士的骨灰安放仪式在福建省委组织部礼堂隆重举行，省委领导贾庆林、胡宏、程序等参加仪式，程序同志在会上高度评价江涛同志的光辉一生。仪式之后江涛同志的骨灰安葬在福州文林山革命烈士陵园。

江涛烈士追悼大会　　　　江涛烈士骨灰安放仪式

《福建日报》报道江涛烈士事迹

江涛烈士骨灰在文林山陵园安放仪式

江涛烈士纪念碑

长叶飞题写的"江涛烈士永垂不朽"8个大字，在阳光下熠熠发光。

我们缅怀江涛同志，讲述江涛的故事，学习烈士忠诚祖国、英勇奋斗的献身精神，培育社会主义核心价值观，将烈士开创的事业薪火相传，发扬光大。我们将继续举起民族复兴的大旗，踏上红色之旅，为实现中国梦而奋斗，书写精彩的人生！

琅岐镇上岐革命老根据地行政村

地下游击队革命活动斗争史

琅岐镇上岐革命老根据地行政村，地处闽江口，位于海岛集镇中心，现有5个村委会，11000多人口。早在土地革命、抗日战争和解放战争年代，就有中共地下党游击队、苏维埃政权和闽东红军游击队等组织在这里组织发动群众开展地下革命斗争，并成为海岛一支保卫家乡、抗击日寇伪军最为活跃的革命武装力量，为中国人民抗日战争和解放事业作出了应有贡献。

1932年秋，闽东特委委员、红军闽东第四总队政委江涛同志（琅

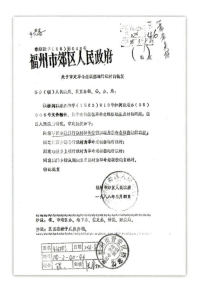

福州市郊区人民政府关于审定
革命老根据地行政村的批复

上岐革命老区村牌匾

上岐革命老区村德育、爱国主义教育基地牌匾

岐上岐人）由中共地下党福州市委派到琅岐岛上岐乡建立红军革命根据地。同年江达霖同志在江涛、江国荣同志启发引导下，参加闽东红军第四总队游击队。当时地下游击队的革命活动据点设在上岐将军道江存滨家和上岐雁坟洲大王份江孝滨、江达霖草楼以及上岐旗下角必达里。他们在闽东特委领导下，积极组织发动群众，掩护联络福州、闽侯、连江、罗源等地下党干部。在白色恐怖年代里，他们发动减租反霸、阻击海匪、歼击日寇伪军等地下革命斗争，进行游击队的军事训练，随时充实红军游击队的后备力量。

1933年，经连、罗县委和闽东特委批准，琅岐建立苏维埃政权，由红军交通员江国荣同志为苏维埃政府主席，副主席陈只只，委员江达霖、江存法、陈春海、江吓俤等。随后，又成立地下党特支组织，江涛同志为特支书记。同时还发展了上岐村部分地下党员，并在上岐将军道及旗下角必达里，成立共青团组织。同年12月，经连、罗县委批准，琅岐成立红军赤卫队，江国荣同志任队长，并发展了赤卫队员，江依芪、江骨骨、江绕绕、江存禄等人，扩大了农民武装力量。

1935年初，连、罗地区土地革命反"围剿"斗争处于低潮时期，江涛同志又转到上岐乡地下革命活动据点。同时到达的有红军战士何如金、易细俤、陈伙妹、吴意、林振团、林春俤等同志。他们在上岐乡将军道、雁坟洲，旗下角必达里等地继续开展地下革命活动。同年5月，江达霖同志由江涛、江国荣同志介绍加入中国共产党组织。

1935年9月，江涛同志在琅岐派江国荣同志往福清琯口山找到闽中游击队和闽中特委书记王于洁同志。经闽中特委决定：派江国荣同志和连、罗红军游击队，参加由闽中特委领导下的土地革命运动，留部分同志坚持开展地下革命斗争。

1936年1月，经连、罗县委批准，琅岐建立地下党闽海特支组织，江国荣同志为书记，委员江达霖、江存法、陈只只等同志。同年，由于闽中游击队政委魏耿叛变，游击队被打散，江涛同志又回到琅岐会合各地失散红军，进一步领导开展地下游击斗争。

1937年，抗日战争爆发，江涛同志派何如金、林春俤同志在宁德苏区向叶飞同志汇报琅岐地下游击斗争情况后。江涛、江国荣、林春俤同

江达霖老红军百岁红军碑（位于江涛烈士公园内）

江涛烈士雕塑

志调往闽东特委机关，另有任务。同年5月左右，林春俤同志又到琅岐传达闽东特委决定：江存法同志为琅岐地下党特支书记，江达霖同志为副书记。

1938年1月，因闽东红军游击队奉命北上抗日，在宁德石塘地方改编新四军第六团，党组织决定留部分同志坚持地方工作。其中江达霖、江银银同志回琅岐继续开展地下革命活动，江涛同志为闽、古、罗中心县委书记。随后，国民党攻击宁德地区游击队，不少同志牺牲。江涛同志带领一批抗日游击队员再次回琅岐岛雁坟洲、上岐将军道和旗下角必达里革命老据点，继续组织发动开展地下游击斗争。同年8月，江国荣同志奉命在闽侯七里乡等地开展地下游击斗争，建立地下党组织。江涛、林春俤等同志从琅岐到闽、罗、古地区以及连江桂湖等地动员开展抗日斗争。

由于当时抗日战争形势的需要，琅岐红军赤卫队改编为闽海抗日游击队，江国荣同志任大队长，江达霖同志为副大队长兼任雁坟洲游击队联络站站长。

1940年5月18日，琅岐地下党闽海特支领导人江存法同志在雁坟洲阻击海匪翁承河、日特张吉超的战斗中，为掩护县委委员郑秋江、区委书记林正同志的安全转移而英勇牺牲。随后，江国荣同志请示上级同意，代表闽侯县委任命江达霖同志代理闽海特支书记职务。

同年12月，江涛同志又带领队伍往周宁县开展地下游击活动。1941年4月，由于叛徒出卖，江涛同志为掩护革命战友，在周宁县咸村乡岩兜村被捕。5月6日，他被国民党反动派杀害于周宁县七步村岭头，时年29岁。

1944年以来，琅岐闽海抗日游击队又进行了调整，扩大游击队伍力量，积极开展地下游击斗争，仅在上岐旗下角必达里就有陈起灿、陈起仙、陈起栋、江典茂、江敬财、江通谋、江达香、江常榕、江伦德、江达远、江达梓、江典欢、江骨骨等23人（于1986年5月23日［86］第122号文件，由福州市郊区人民政府批复，追认为革命"五

江涛烈士纪念馆

老"人员)。

1945年，先后由当时地下党领导人江国荣、江达霖等同志组织发动赴福州台江码头成立工会组织，发动贫苦工人夺回码头起卸权，并袭击伪水警总队，同霸头进行英勇顽强斗争。这是一支十分活跃的革命武装队伍。随后，这些地下游击队又配合琅岐城工部游击队，参加福州解放战争。

江涛烈士纪念馆内景

琅岐岛上岐乡革命老根据地的上岐将军道、雁坟洲和旗下角必达里，是当年我地下党闽东红军游击队开展地下革命活动遗址。尤其在艰难困苦的土地革命、抗日战争和解放战争年代里，组织、领导、军训和接受任务，掩护联络地下党干部充分发挥作用。他们在闽东特委和闽东红军游击队地下党组织领导下，坚持不懈地开展地下革命斗争，直到新中国成立前夕。为推翻旧社会，建立新中国，使穷苦人民翻身做主人，过好幸福日子，他们进行了顽强的英勇斗争，立下了不朽功绩。

从1987年以来，琅岐上岐乡先后被光荣批准为"革命老根据地行政村"。中共福州市委、福州市人民政府授予"江涛烈士陵园"为"福州市爱国主义教育基地"等，同时追认恢复了该村原失散红军、老地下党员和地下游击队革命"五老"人员。

为了进一步纪念缅怀老一辈革命先烈，上岐管理区在风景秀丽的鳌山公园内，建设"江涛烈士陵园""江涛烈士纪念馆"和老红军江达霖"百岁红军"纪念碑，以进一步对青少年开展革命传统和爱国主义教育，更好地激励后人，弘扬红军精神，建设美丽幸福的新琅岐。

【参考资料】

1. 江涛烈士传略资料。

2. 1995年10月，江国荣同志革命回忆录。

3. 1987年9月，林春俤同志（闽侯祥谦乡兰圃村人，1934年4月入党，老红军，离休干部）提供的关于琅岐上岐革命老根据基点村的证明材料。

4. 江国荣同志（享副厅级待遇，老红军、离休干部）建议追认上岐革命老根据地行政村有关材料。

5. 中共琅岐乡委员会"关于恢复江达霖同志中共地下党党籍的报告"〔1983年琅委（83）第001号和1986年琅委（86）第001号〕、福州市郊区人民政府"关于认定江达霖、江银银为失散红军的决定"〔1987年12月12日榕郊政字（87）第295号〕等有关材料。

6. 老红军、离休干部林春俤同志供提的关于江达霖同志参加红军及入党情况等证明材料。

7. 2013年4月23日，琅岐镇退休干部、革命"五老"人员，原琅岐上岐党总支部书记江典尧同志建议"上岐旗下角必达里"应追认为"原闽东红军游击队革命遗址"等的资料。

纪念江涛烈士挽联题字

鳌山矗起新领烈士垒碑屹
眼荷海浪扬声驼黑枝江涛
破雾眺青天梳井弹雨红旗舞
壮志雄心碧血眠父辈苦私身
报国只留名字在乡省

写在鳌山公园江涛烈士纪念碑前 壬申初冬 里人江炳华

苍松翠柏慰英灵

癸卯莫夏渭庐林鹗生书

青山绿水留浩气

为江涛烈士传记出版而作

赤膽忠心為革命
光輝業績耀古今

敬錄羅源縣人民政府挽江濤烈士癸卯秋里人陳雨志

参考文献资料

一、党史文献

1.缪慈潮、顾铭：《范式人传》，中共党史出版社，2002年12月。

2.缪小宁：《闽东苏维埃1934》，中共党史出版社，2014年10月。

3.中共连江县委党史研究室：《连江革命史》，中共党史出版社，2011年12月。

4.中共罗源县委党史研究室：《罗源革命史》，内部刊物，福州三才印刷有限公司，2012年3月。

5.中共福州市委党史研究室著，石建国主编：《福州革命史》，中央文献出版社，1999年8月。

6.林强、鲁冰：《叶飞传（1914—1999）》，中央文献出版社，2007年8月。

7.郑望：《马立峰纪念文集》，中国文史出版社，2009年8月。

8.中共闽侯县委党史研究室：《闽侯人民革命史》，中央文献出版社，2014年5月（再版）。

9.宁德市老区办：《闽东老区志（1919～2006）》，闽东日报社印刷厂，2009年9月。

10.中共中央党史研究室：《中国共产党历史第一卷（1921-1949）》，中共党史出版社，2011年1月。

11.中共福州市委党史研究室著，王命瑞主编：《十九路军在福建》，中共党史出版社，2015年11月。

12.中共福州市委琅岐经济区工作委员会、中共福州市马尾区委党史和地方志研究室：《琅岐红色记忆》，内部刊物，2021年9月。

13.中共屏南县委党史研究室：《中国共产党屏南历史第一卷（1919－1949）》，中共党史出版社，2014年10月。

14.中共古田县委党史研究室著，范世尧主编：《古田县人民革命史》，中央文献出版社，2003年3月。

15.武夷山市关心下一代工作委员会著，何亚平、张金锭、罗永胜主编：《武夷山红色文化故事集》，内部刊物，2015年8月。

16.中共罗源县委党史研究室：《亲历罗源解放》，内部刊物，福州三才印刷有限公司，2009年。

17.中共福州市台江区党史研究室：《台江革命史》，海潮摄影艺术出版社，1999年12月。

18.中共福州市晋安区委党史研究室：《晋安人民革命史》，内部刊物，福州三才印刷有限公司，2011年5月。

19.中共寿宁县委党史研究室：《寿宁地方革命史》，厦门大学出版社，2015年10月。

20.曾志：《一个革命幸存者曾志回忆录》，四川人民出版社，2020年4月。

21.中共罗源县委党史和地方志研究室：《罗源县志（1991-2005）》，福建人民出版社，2020年12月。

22.周宁县地方志编纂委员会：《周宁县志》，中国科学技术出版社，1993年5月。

二、回忆、访谈录

1.江国荣：《回忆江涛烈士革命经历》。

2.范式人：《回忆闽东革命斗争》。见《闽东党史资料与研究》1984年第2期。

3.左丰美：《闽东抗日战争时期革命斗争情况》。见《闽东党史资料》第2套（1-10号）。

4.王一平：《回忆闽东革命斗争情况》。见《闽东党史资料与研究》1985年第1期。

5.中共周宁县委党史办编印《周宁党史通讯》第20期：《江涛烈士

在周宁斗争简介》。

6.中共古田县委党史办编《古田党史资料》1985年第3期：《二战时期我党在大甲地区的活动情况》。

7.赖求兴：《百炼成钢——记抗战老同志赖求兴》。

江涛烈士年谱

1912年，出生于福州琅岐上岐村，自幼丧父，母亲改嫁本岛吴庄，生活无依无靠，被同宗伯父收养。

> 按：琅岐镇位于闽江入海口，为闽江口冲积平原，是福建省第五大岛，岛三面环江，东临东海。唐代，属闽县晋安乡海畔里。宋代，属闽县晋安东乡，里名不变。元代，合海畔里与海曲里（壶江、川石岛，现属连江县琯头镇）为嘉登海曲里。明代，改为嘉登里。清代，为闽县东南二区嘉屿区。民国二十三年（1934），属闽侯县四区。民国二十四年（1935），改属闽侯县二区。

1929年，17岁

江涛流落福州，在横街马友猪血店打杂，主要工作是端菜、洗碗。

> 按：横街，又名夏街，南起中亭街小桥头，北至吉祥山南麓近1000米的一个街道。民国十七年（1928），开辟吉祥山，夷平横山、安民崎，建成连接小桥头、中亭街的道路，称横街。

1930年，18岁

由叶飞、黄可英介绍，江涛参加共青团组织。

> 按：黄可英（1909–1934），原名考英，化名黄英，沙县夏茂镇人。1926年（民国十五年）毕业于沙县县立茂溪小学，翌年秋，升入福州第二初级中学读书。1928年加入中国共产党，担任共青团福州市委领导工作。1929年（民国二十八年）1月，受中共福州市委派遣，转学建瓯乡村师范学校读书，以学生身份为掩护，开展地下工作，建立了互济会，并恢复了中共建瓯县委，黄可英任书记。同年9月被捕，民国福建省高等法院，以"扰乱学校秩序，危害社会，危害民国"罪名，判处黄可英有期徒刑1年。刑满释放后，留在福州从事工人运动，负责领导人力车工会、锯木工会和电力工会。1932年（民国二十一年）7月，受中共福州中心市委派遣，与庄又陵再次到建瓯恢复党组织，成立中共建瓯中心县委（领导建阳、政和、松溪3个县的特别支部及建瓯西区区委和东区党组），黄可英任委员，在上范、吉阳、坑头一带组织地下农会、贫农团。同年12月，组建"闽北工农游击队第一支队"，黄可英任政治委员。1933年（民国二十二年）10月，转到政和风池一带工作，参与组建政和武装游击队。1934年（民国二十三年）初，在茶筒岭遭到龙安民团和瓯南大刀会的伏击，黄可英为掩护战友安全撤离，英勇牺牲，年仅25岁。
>
> 叶飞（1914年5月7日–1999年4月18日），原名叶启亨，曾用名叶琛，军事家、政治家。祖籍福建省南安市金淘镇，生于菲律宾奎松省。1929年（民国十八年）起任共青团福建省委宣传部部长和代理书记、福州中心市委书记。其间曾被捕入

狱。1933年（民国二十二年），到闽东参与创建闽东革命根据地和红军游击队。1934年（民国二十三年）3月，叶飞在中共福建省委遭到破坏、与中共中央失去联系的情况下，以特派员的身份，果断地主持召开会议，重建中共闽东特委，并成立中国工农红军闽东独立师。1935年（民国二十四年），叶飞任中共闽东特委书记、闽东军政委员会主席兼红军闽东独立师政治委员，领导军民坚持了极其艰苦的三年游击战争。其间先后率部在闽浙边取得沙埕、桃杭等战斗的胜利，多次挫败国民党军的"清剿"，并在闽东地区恢复和重建了多块游击区。

1931年，19岁

1月，中共福州中心市委发动"年关斗争"，江涛深入台江建成锯木厂组织工人运动，提出"减少工时，增加工资"的口号，反对资本家残酷的压迫与剥削，维护了工人权益，受到工友拥护，使福州工人运动轰轰烈烈地展开。

> 按：" 年关斗争"：1931年（民国二十年）1月18日，中共福州市委召开扩大会议，检查了福州市执行立三"左"倾盲动主义的情况，提出要跟上正确路线，从空谈暴动转变为切实准备暴动。会议还对精简机关、开展年关斗争、组织群众，以及开展反帝等项工作做出了决定。

1932年，20岁

加入中国共产党，被选为总工会主席。

> 按：4月，共青团福州市委开始整顿人力车支部，并扩大了锯木、印务、孤儿院、英华、福高、纸厂和农民等7个基层团支部，团员由3月份的23名增加至40名。中共福州市委的工作重点是做好工人运动的领导工作。当时，福州人力车夫有三四千人之众，车馆老板为了剥削工人，乘机抬高车租，工人叫苦连天。江涛以人力车夫身份组织发动工人游行请愿，与车馆老板及黄色工会作斗争，并在中选、下道、南门兜、水部、程埔头等10多处地方，组织了人力车夫赤色工会，以后又组织成立福州人力车夫总工会。江涛深得工友信任，被选为总工会主席。

七八月间，江涛、闽东地下党、红军游击队回到琅岐，发动贫苦农民开展革命斗争，并发展江达霖、陈春海等10余人参加红军游击队。同时，江涛还以共青团福州市委委员身份，介绍江存瑗、江存育等青年入团，发展团员，创建共青团琅岐支部，播撒革命火种，加强琅岐游击队的政治力量，不断壮大革命队伍，其间出现了一批诸如江达霖、江存良、江存法等优秀的红军游击队战士。江涛带领下的琅岐红军游击队，经常出没于上岐鳌头山、将军道、必达里、雁行洲草楼一带，一边领导琅岐贫苦农民坚持和土匪、海匪、日伪军等敌人作斗争，一边发展游击队员，扩大革命队伍。

> 按：必达里是一座清代民居，在上岐鳌山南麓旗下脚巡海将军庙斜对面，现为上岐农旗村翻身路72号。这座古民居上的小阁楼，就是在革命战争时期江涛多次回到家乡琅岐，召集闽东地下党、红军游击队员开会的秘密地点，由此必达里也成为红军游击队革命活动的据点。

1933年，21岁

12月4日，"福建人民革命政府"最高法院释放政治犯，福州中心市委派了出狱的练文澜、魏耿、缪兰英、杨采衡、陈祥榕、江依才（江涛）等人来连江，加强了领导力量。

> 按：中华共和国人民革命政府（1933年11月22日—1934年1月13日）是中华民国时期由蔡廷锴、李济深等人在福州建立的政权，亦称"福建人民政府"。11月，十九路军发动闽变，他们同我苏维埃临时中央政府及中央工农红军代表签订了《反日反蒋初步协定》。

12月，经中共连（江）、罗（源）县委批准，琅岐红军赤卫队成立。

> 按：江涛在琅岐建立党组织并组建琅岐游击队，先后发展陈起灿、陈起线、江典尧、江达梓、江达远、江骨骨等20多位贫苦农民毅然参加了革命，必达里古民居成为其联络点。

1934年，22岁

1月1日，在杨而营、梁仁钦带领下分水陆两路发起进攻马鼻，江涛领导马鼻镇地下党参加战斗。

2月，江依才（江涛）为共青团连江县委书记。

> 按：中共福州市委巡视员苏达在莺头村召开了连江县委扩大会议。会上改选了县委领导机关，陈祥榕任县委书记、杨挺英为组织部长、陈原为宣传部部长、缪兰英为妇女部长、江依才（江涛）为共青团连江县委书记；十三独立团团长魏耿，政委陈祥榕，参谋长杨采衡；连江县苏维埃政府主席为林孝吉。

5月，成立闽东特委。

> 按：中共福安中心县委、中共连江中心县委召开联席会议，决定成立闽东特委，统一领导闽东地区革命斗争。

8月上旬，中国工农红军北上抗日先遣队进入连罗苏区。

> 按：寻淮洲、粟裕、刘英等率领的中国工农红军北上抗日先遣队，转战闽北，攻克尤溪、古田等城镇后，沿水口直下福州。8月14日，北上抗日先遣队由杨采衡等带领十三独立团的队伍作向导和配合，一举攻克罗源县城，镇压了伪县长徐整芳，歼敌1000多人，缴获各种枪械几百支和大量弹药装备。先遣队继续开往宁德地区，进入福安苏区。

10月中旬，在长龙山区庄里村召开连江县委扩大会议，组织闽东独立师的第三团。

> 按：叶飞来连江，代表闽东特委传达特委的决议，在长龙山区庄里村召开了连江县委扩大会议，讨论贯彻特委关于"连江红军主力转移到闽东，成为组织闽东独立师的第三团，把武装力量集中起来打击敌人，保卫闽东苏区"的决定。

11月，江涛担任列连指导员。

> 按：中共连江县委于11月间在厦宫把独立营扩编为西南团，团长杨采衡，政委陶仁官，计有500余人枪，下分为"马""克""思""列""宁"5个连。江涛与陈云飞在罗源长基、北坑一带发展吴珠弟、吴瑞江等9位青年入团，建立罗源县第一个共青团支部。江涛又在北山、巽屿等乡村组织成立20多个团支部和8个区团委。

1935年，23岁

1月，国民党反动派对闽东苏维埃地区进行大规模的"围剿"。国民党八十七师、五十二师、海军陆战队进攻连罗苏区。江涛带领游击队进行反"围剿"战斗。

春，白色恐怖笼罩连罗地区，不少干部、战士被敌人杀害，隐蔽在深山、古洞、古墓中的被敌人烧死或熏死，北上抗日先遣队留下来继续养伤的被敌人捕去全部活埋杀害。连江、罗源革命转入低潮，江涛奉命带领游击队转移到琅岐，坚持武装斗争。当时被敌人打散的红军战士何如金、林春俤、吴意、张心仕、林振国等都流落到琅岐岛。

江涛立即把他们组织起来，同琅岐游击队一起，发动群众，不少青年参加了游击队，壮大革命队伍，开展反霸减租，张贴革命标语，坚持革命斗争。由于琅岐四周敌人势力较强，难以立足，江涛派人到福清琯口，同闽中特委书记王于洁取得联系，随即带领队伍转移到闽中地区活动。

1936年，24岁

3月，闽中游击队在何庄桥与国民党反动武装激战，因魏耿叛变，闽中游击队被打散，江涛又带领队伍回到琅岐岛活动。

6月，江涛调任闽东特委委员兼罗（源）、古（田）、宁（德）中心县委书记。江涛同霍口区委书记江国荣深入边远的山区革命基点村，发动群众，寻找失散的人员，重新组织武装力量，在深山密林中与反动派周旋，并在霍口地区恢复党组织，同时新组建了船头、马下、香岭等13个党支部。江涛同闽东独立师黄培松部队配合，先后在霍口组建游击第九支队，在中房松洋、白泉冈一带组建游击第七支队，在岭头等地组建零散的游击小分队，使人民武装力量得到发展，多次粉碎了敌人的"围剿"，巩固苏维埃政权。

年底，古田毗源民团配合伪保安队攻击罗、古交界的18个乡村苏维埃政权，杀害地下党，还准备袭击闽东红军游击队。江涛率领游击队与第二、三游击纵队密切配合，给反动武装迎头痛击，粉碎了敌人的进攻。江涛还组织第七、九游击支队，配合黄培松独立师在闽侯、罗源交界的佳园、东亭园、横坑、廷坪等乡村，与省保安队浴血奋战，牵制和粉碎了敌人对苏区的进攻，保卫了红色政权。

1937年，25岁

夏天，阮应湛叛变投敌，勾结伪保安队杀害了罗源县苏维埃主席阮在水。江涛获悉叛徒阮应湛在洋头村活动，迅速配合黄培松的部队，攻下洋头村，活抓了阮应湛，并立即召开审判大会，当场枪毙叛徒。后乘胜歼灭外坂村大刀会反动武装，为民除害，巩固了红色政权。

1938年，26岁

2月，叶飞率部北上抗日，江涛任闽东特委常委、工运部长兼军事部长，坚持在闽东地区开展革命斗争和抗日救亡运动。江涛率领游击队到宁德、屏南边境地区以及罗源、福州郊区桂湖、琅岐以及古田、闽侯、连江交界地区活动，组织抗日武装力量。

春夏，江涛往返于闽东和福州，深入台江建成踞木厂、人力车行、码头等领导城市抗日救亡运动。

1939年，27岁

8月，戴炳辉接任中共闽东特委书记，江涛率部在闽、古、罗一带领导革命。

按：戴炳辉（1907-1940），原名戴廷雁，霞浦县柏洋上南楼村人。1933年6月加入中国共产党。曾先后任霞浦游击队长、闽东独立师纵队政委、新四军第三支队六团三营教导等职。1939年5月奉命回闽东工作。9月，福建省委委员左丰美到横坑向闽东特委传达省党代会精神，消息走漏，被国民党福建省保安八团和周墩区保安队两个连包围。与会者分头突围，左丰美在突围时腿部中弹，戴炳辉冒死援救，将他转至桐子坑土坡坪一带治疗。这时闽东特委书记郭文焕被捕，戴炳辉奉命接任。10月，他在宁德梅坑白岩头村主持特委会议，传达省党代会关于团结抗日、避免摩擦和发展党员、壮大党组织的精神。会后他派人到省委领来12支步枪和一批土制手榴弹，成立拥有40多人的闽东游击队。1940年3月，戴炳辉在拱桥头主持召开周墩、宁德干部和武装部队参加的特委扩大会议。其间4月22日，他因拆装土制手榴弹发生爆炸，左手腕等处受重伤。望日保安队前来搜捕，他在罗金木的保护下辗转于深山密林中，伤口溃烂无法就医，于5月6日逝世于周墩梧柏洋延竹栏秘密寮，时年33岁。

11月，左丰美、江涛在下洋坑山头腰召开特委会议。

按：下洋坑会议：1939年9月横坑事件之后，闽东特委书记罗富弟、闽东特委委员兼周墩县委书记张华山、妇女部长罗桃妹及交通员张新德4人，在梧柏洋赖头岗被周墩自卫中队围击牺牲。闽东特委只剩下江涛、丁进朝两名特委成员，他们隐蔽于下洋坑山头腰。1940年10月省委即派左丰美接任闽东特委书记，11月左丰美在下洋坑山头腰召开特委会议，会后左丰美、王一平率闽东干部、战士50多人北撤，江涛、特委委员丁进朝和吴安秀等人留在当地坚持斗争。

1940年，28岁

10月，新任闽东特委书记罗富弟、特委委员兼周墩（周宁）县委书记张华山又同时遇难。在革命低潮，危难之际，江涛受命接任周墩县委书记。

冬，江涛为打通游击队活动通道和解决粮食、经费等困难，带领游击排长陈银弟等人，冒着生命危险，到岩兜村与地主武装头子孙第五做统战工作，争取抗日经费和粮食。孙第五暗中同伪特种区保安中队长陈英勾结抓捕江涛。

1941年，29岁

4月24日，孙第五以母亲寿诞为名，骗请江涛赴宴。江涛到了岩兜村。陈英的伪保安队早已设伏。江涛虽奋力抗击，但寡不敌众，弹尽负伤，不幸被捕，随即被当作共党要犯，押送到周墩特种区审讯。

> 按：革命老区梅台行政村：坐落于咸村盆地西北部峰峦叠嶂的青山翠竹间，为革命老区村，下辖岩兜、下洋坑、吕斗、拱桥头4个自然村，紧挨当年中共闽东特委机关驻地横坑，在革命战争年代是革命活动的红土地。老一辈无产阶级革命家叶飞、阮英平、张华山、郭文焕、戴炳辉、罗富弟、左丰美、郑一成、江涛、黄垂明、陈邦兴等都曾在这里领导过革命活动，本村居民曾为闽东革命斗争作出了重大贡献。

5月6日，江涛被国民党反动派杀害于周墩七步，为国捐躯，献出了年轻的生命。

> 按：七步行政村：村委会驻七步自然村。明清时期隶属宁德市青田县东洋里十五都，后属周墩特种区、周墩分县。1945年周宁设县，七步属之，并设蒲溪乡，是乡公所所在地。
> 1988年6月，中共周宁县委、周宁县人民政府在下洋坑村建设郑一成、江涛烈士纪念堂。纪念堂墙上书写革命先驱们的革命历程和牺牲经过，供后人瞻仰。该纪念堂建成以来，成为咸村镇中小学生革命历史教育的基地。

后记

江涛，原名江依才（江其才），又名江依龙，号秋杨。福州市郊琅岐乡吴庄村人。1930年入团，1932年由团转党。江涛曾任共青团福州中心市委委员，中共连罗县委委员，共青团连罗县委书记，中共罗、古、宁中心县委书记，中共闽东特委委员、常委、特委工运部长、军事部长，闽东独立师纵队政委，中共罗源县委书记，中共周墩（今周宁县）县委书记等职。1941年4月在周宁咸村乡岩兜村被捕，于同年5月6日被国民党反动派杀害于周宁县七步村岭头，时年29岁。

从走上革命道路之日起，江涛同志便把革命作为自己的第一职业。他在十几年的革命生涯中，在福州、连罗及闽东从事过工运、青运、农运工作、党的工作及军队工作，在这些工作中均作出了卓有成效的贡献。他不论是在革命的高潮时期，还是在革命转入低潮，处在困难时期；不管是在有上级党的领导的情况下，还是在失去了上级党的领导的情况下；无论是敌人的威胁利诱，还是敌人严刑拷打，他始终对革命坚贞不渝。他不避艰险，身体力行，坚决贯彻执行党的方针政策；他坚持革命的原则性，又注意斗争的艺术性灵活性。他深入群众，深入实际；他善于动员组织群众，向压在人民头上三座大山作斗争，为人民的解放事业献出宝贵的生命。我们缅怀烈士的业绩，就是要学习他坚定的共产主义信念，学习他对革命的无限忠诚和不屈不挠的斗争精神，学习他密切联系群众的优良作风和巧妙的斗争艺术！

新中国成立后，江涛被追认为福州市著名的80位革命烈士之一。1987年3月18日上午，江涛烈士骨灰安放仪式在省委组织部礼堂举行。参加骨灰安放仪式的有省委、省政府、省人大、省政协的负责同志。骨灰安放仪式由省委组织部副部长李宗时主持。省人大常委会主任程序高度评价江涛烈士在长期艰苦卓绝的革命斗争中出生入死、不怕牺牲、艰苦奋斗，为推翻反动统治，建立新中国，实现共产主义崇高目标英勇献身的精神。如今在琅岐鳌山公园，雄伟的烈士纪念碑上，由原全国人大常委会副委员长叶飞题写的"江涛烈士永垂不朽"8个大字在阳光下熠熠生辉。

图书在版编目(CIP)数据

江涛/韩青著;中共福州市马尾区委党史和地方志研究室编. —福州:海峡文艺出版社,2024.5
ISBN 978-7-5550-3586-2

Ⅰ.①江… Ⅱ.①韩…②中… Ⅲ.①江涛—生平事迹 Ⅳ.①K827＝6

中国国家版本馆 CIP 数据核字(2023)第 252188 号

江涛

韩青 著	中共福州市马尾区委党史和地方志研究室 编	
出 版 人	林 滨	
责任编辑	蓝铃松	
出版发行	海峡文艺出版社	
经 销	福建新华发行(集团)有限责任公司	
社 址	福州市东水路 76 号 14 层	
发 行 部	0591—87536797	
印 刷	福建李想彩色印刷有限公司	
厂 址	福州市仓山区建新镇冠浦路 144 号	
开 本	787 毫米×1092 毫米 1/16	
字 数	130 千字	
印 张	10	
版 次	2024 年 5 月第 1 版	
印 次	2024 年 5 月第 1 次印刷	
书 号	ISBN 978-7-5550-3586-2	
定 价	50.00 元	

如发现印装质量问题,请寄承印厂调换